Grundausbildung für Gebrauchshunde

Marianne Schmidt/Walter Koch

Grundausbildung für Gebrauchshunde

FALKEN

Zum Geleit

Gebrauchshunde und ihre Einsatzmöglichkeiten

Die Entwicklung des Welpen bis zur 8. Woche

Der neue Hausgenosse

Kleine Hundepsychologie

Was der Welpe lernen muß

Die Schutzhundausbildung

Ratschläge vor der ersten Prüfung

Anhang

Zum Geleit

In den Jahren seit Erscheinen unseres Buches bis heute sind wir in der Ausbildung von Gebrauchshunden weiterhin aktiv und erfolgreich gewesen. Die Grundlagen unserer Methoden sind die gleichen geblieben, auch wenn der eine oder andere Vierbeiner uns vor Probleme gestellt hat, die wir erst nach neu gewonnenen Erkenntnissen lösen konnten. Jeder Hund ist ein eigenständiges Individuum, das auch die ihm gemäße individuelle Behandlung erfordert. Eine erfolgreiche Ausbildung setzt voraus, daß der Hundeführer auf spezielle Eigenarten eines jeden Hundes eingeht und nach den Gründen für seine typischen Verhaltensweisen forscht.

Bemerkenswert ist, daß der Gebrauchshundesport durchaus nicht mehr den gleichen Stellenwert im Hundewesen hat wie früher. Das erklärt sich aus der Tatsache, daß inzwischen neue hundesportliche Betätigungsfelder wie etwa Agility erschlossen wurden, die es jedem Hundehalter ermöglichen, mit seinem vierbeinigen Freund, gleich welcher Rasse, aktiv zu sein. Das ist sehr gut so und fördert eine positive Mensch-Hund-Beziehung ganz entscheidend. Auch wird es dadurch immer weniger verhaltensgestörte, aggressive Hunde geben, denn der Mensch lernt dabei, artgerecht mit den Vierbeinern umzugehen.

Wir hoffen, daß immer mehr Hunde den Platz in unserer Gesellschaft einnehmen, der ihnen auch gebührt, nämlich den eines zuverlässigen liebenswerten und ebenso gehorsamen Kameraden.

Im Juli 1995
Die Verfasser

Kapitel 1

Gebrauchshunde und ihre Einsatzmöglichkeiten

Die Gebrauchshunderassen

Als Gebrauchshunde galten zunächst sechs Hunderassen: Es waren der **Deutsche Schäferhund,** der **Boxer,** der **Rottweiler,** der **Dobermann,** der **Riesenschnauzer** und der **Airedaleterrier.** Später kamen der **Hovawart, Bouvier** und zuletzt der **Malinois** hinzu. Schon wegen ihrer Körpergröße, aber auch aufgrund ihrer Charakter- und ihrer Wesenseigenschaften kommen vorwiegend

Riesenschnauzer (o. li), Dobermann (u. li) und Rottweiler (u. re) gehören zu den klassischen Gebrauchshunden. Der Hovawart (o. re), hier in der Fellfarbe Schwarz mit Brand, ist bei uns häufiger in Blond zu sehen

Als Hütehunde werden der Bouvier des Flandres (u. re), der Airedaleterrier (o. li) und bei uns v.a. der Deutsche Schäferhund (u. li) eingesetzt. Der Boxer (o. re) ist ein guter Wach-, Schutz- und Polizeihund

diese Rassen für die Gebrauchshundeausbildung in Frage. So trifft man bei den diensthundehaltenden Behörden neben dem Deutschen Schäferhund auch die anderen Rassen vereinzelt an, wobei natürlich immer die Leistungsveranlagung des einzelnen Hundes eine Rolle spielt.

Man sollte allerdings wissen, daß es unter den genannten Gebrauchshunderassen doch immer wieder einzelne Tiere gibt, die für eine Schutzhundausbildung absolut nicht geeignet sind. Trotzdem können sie durchaus treue und wachsame Begleiter für eine Familie sein.

Die Einsatzmöglichkeiten

Für das Rettungswesen eignen sich nur Hunde mit besonders ausgeprägtem Geruchssinn

Nicht nur die sportliche Betätigung und Führung zeigt die Fähigkeiten unserer Gebrauchshunde; sie werden vielmehr erfolgreich in den verschiedensten Bereichen als Helfer des Menschen eingesetzt.

Da wäre zunächst das **Rettungshundewesen.** Hier können nur Tiere mit guter Nasenveranlagung Verwendung finden. Ebenso sind Nervenfestigkeit wie auch bedingungsloses Vertrauen zum Hundeführer Voraussetzung für eine erfolgversprechende Ausbildung. Oft sind diese Hunde ganz und gar auf sich selbst angewiesen – so z.B. wenn der Mensch ihnen auf unwegsamem Gelände oder auf Trümmergrundstücken nicht folgen kann. Auch müssen sie ständig konditionell gefordert werden, um für langwierige und anstrengende Einsätze gerüstet zu sein.

Undenkbar wäre in manchen Situationen die Arbeit unserer Ordnungshüter, wenn sie sich dann nicht der Hilfe ausgebildeter **Polizeihunde** bedienen könnten. Diese Tiere erhalten natürlich eine andere Schulung als die sogenannten

Neben einer sehr guten Nase und einem furchtlosen Charakter ist das Vertrauen zum Hundeführer die wichtigste Voraussetzung für eine erfolgreiche Arbeit des Rettungshundes

Schutzhunde. Hier werden Ernstfälle in all ihrer Vielfältigkeit realitätsnah und nachhaltig geprobt. Unerschrockenheit und Nervenfestigkeit sind Voraussetzung für diese Arbeit.

Eine Art Sonderstellung nimmt der **Rauschgiftspürhund** ein, ohne den eine erfolgreiche Bekämpfung der Drogenkriminalität ganz unvorstellbar wäre. Für diese Aufgabe ist eine besonders gute Nase natürlich unabdingbar.

Wir wollen auch noch auf den **Hütehund** hinweisen, denn die großen Schafherden sind zwar viel seltener geworden, haben aber in der Landschaftspflege (die Wanderschäferei pflegt und bewahrt ganz bestimmte Vegetationsformen) neue Bedeutung erlangt. Die »Schäferhunde« werden an der Herde selbst ausgebildet und sind beim Treiben und Hüten von der Seite des Schäfers nicht wegzudenken. Ausdauer und Führigkeit sind ihre herausragenden Merkmale.

Jährlich findet auf Bundesebene das sogenannte Leistungshüten als Wettbewerb statt.

Unentbehrlich für so manchen Betroffenen ist der **Blindenführhund.** Als Kamerad, Beschützer und sicherer Begleiter hilft er diesem

Während der Drogenspürhund und der Rettungshund eine exzellente Nase haben müssen, werden vom Hütehund v.a. Wetterfestigkeit, Ausdauer und gute Führigkeit verlangt

Der aus Belgien stammende Malinois ist kräftig und wetterfest, in seinen Arbeitsleistungen sehr vielseitig und durchaus eine Alternative zum Deutschen Schäferhund

Menschen, sein Schicksal besser zu ertragen. Die Ausbildung gutmütiger, nervenstarker und leicht lenkbarer Hunde wird von Spezialisten vorgenommen. Die enge Wechselbeziehung zwischen Mensch und Tier führt häufig zu rührenden Freundschaften, und der Hund vermag in dieser Beschützerrolle oft kaum glaubliche Fähigkeiten zu entwickeln.

Doch so unterschiedlich die Aufgaben und damit die Ausbildungen dieser Hunde auch sind, immer prägt der Mensch den Charakter seines Hundes, er allein ist daher verantwortlich für dessen Verhalten. Der Gebrauchshund, ob mit oder ohne Spezialausbildung, sollte ein unerschrockener, umgänglicher, gehorsamer Begleiter sein – und dazu können wir ihn erziehen.

Kapitel 2

Die Entwicklung des Welpen bis zur 8. Woche

Die ersten 2 Monate

Blind und taub kommen Hundebabys zur Welt. In den ersten beiden Lebenswochen besteht ihr Dasein scheinbar nur aus Trinken und Schlafen, wohlbehütet von der Mutter, die peinlich auf Sauberkeit achtet und die Ausscheidungen der Jungen aufnimmt. So ist gewährleistet, daß das Wurflager nicht nur warm, sondern auch absolut trocken ist.

In der 3. Lebenswoche beginnen die Welpen langsam ihre Umgebung wahrzunehmen; auch nehmen sie in dieser Phase bewußt erste Kontakte zu ihren Geschwistern auf. Die Prägungsphase (4. – 7. Woche) beginnt damit, daß die Hundekinder neugierig ihr Lager verlassen. Die Mutter beobachtet diese ersten Ausflüge noch äußerst besorgt.

Wichtiger Hinweis:

Gewisse Lernvorgänge wie intensive Erlebnisse in früher Jugend beeinflussen die spätere Mensch-Hund-Beziehung. Daher ist es äußerst wichtig, daß Sie Ihrem Welpen möglichst oft Kontakte mit Menschen bieten, vor allem mit

Die Freundschaft zwischen Tier und Menschenkindern ist der Entwicklung beider sehr förderlich

Kindern, damit er erfährt, daß alle Zweibeiner Freunde beziehungsweise vertrauenswürdige Rudelgenossen sind.
Solche frühen Erfahrungen wirken sich später erfreulich aus.

Wenn die Hundekinder etwa sechs Wochen alt sind, entwickelt sich bereits der Spiel- und Beutetrieb, den der Mensch nutzen sollte, um beim gemeinsamen, altersgemäßen Spielen die Tiere noch enger an sich zu binden. Auch Rangeleien unter den Hundegeschwistern, die große Bedeutung für das spätere Sozialverhalten haben, sind nun an der Tagesordnung. Man kann jetzt bereits Dominanz und Unterlegenheit beobachten, und manchmal werden auch schon recht heftige Kämpfe zwischen den Welpen ausgetragen.
Im wesentlichen bestimmen Fressen, Schlafen und Spielen das Leben der Jungtiere, denen je nach Milchleistung der Mutterhündin ab der 3. – 4. Woche der Züchter zusätzlich Welpennahrung gibt.

Je mehr Menschen und Dinge die Welpen in dieser Zeit kennenlernen, je mehr Erfahrungen sie sammeln, um so besser sind sie für die Trennung vom Rudel und den Beginn des neuen Lebensabschnitts, der in der Regel mit 8 Wochen bei einer neuen Familie beginnt, gerüstet. Es ist gut, wenn sie beispielsweise das Geräusch des Rasenmähers kennen, schon einmal im Auto gesessen haben oder auch erfahren konnten, daß man im Haus auf glatten Böden genauso gut vorwärts kommt wie auf dem grünen Rasen.

Auf jeden Fall ist immer zu bedenken, daß Hundekinder trotz Temperament und Lebensfreude genau wie Menschenbabys viel Ruhe brauchen. Ein verantwortungsvoller Züchter wird dem Rechnung tragen, da die Entwicklung der Welpen durch ständige Unruhe und Beschäftigung ungünstig beeinflußt wird.

Mit der 8. Lebenswoche erfolgt der Eintritt in die sogenannte Sozialisierungsphase. Die Welpen nehmen jetzt ihre Umwelt viel intensiver und ganz bewußt wahr. Mit Selbstbewußtsein und Eigenständigkeit loten sie das Verhältnis zu Menschen und zu anderen Tieren aus; gute wie schlechte Erfahrungen werden unauslöschlich gespeichert. Im Alter von etwa 8 Wochen werden die Welpen unvermittelt in die große weite Welt entlassen. Ohne den Schutz der Hundefamilie müssen sie sich allein in einer fremden Umgebung zurechtfinden. Einem Hundekind, das in seinem »Elternhaus« gut darauf vorbereitet wurde, wird das nicht schwerfallen. Und wenn es dann noch in verständnisvolle und sachkundige Hände

kommt, entwickelt es sich bestimmt zu einem Tier, an dem alle ihre Freude haben.

Rangeleien mit seinen Geschwistern sind für den Welpen ebenso wichtig, wie möglichst früh positive Erfahrungen mit Menschen zu machen

Das Wichtigste in Kürze

► Die Erfahrungen, die ein Hund in früher Jugend macht, sind für seine späteren Beziehungen zu Menschen entscheidend. Fördern Sie Kontakte!

Kapitel 3

Der neue Hausgenosse

Die Eingewöhnung

Wenn wir ihn nun zu uns geholt haben, lassen wir unserem Welpen erst einmal Zeit, sein neues Domizil zu beschnuppern und in Augenschein zu nehmen. Es sollten nicht gleich sämtliche Familienmitglieder auf ihn einstürmen und seine Sympathie zu erringen versuchen. Kommt er zum einen oder anderen von selbst, wird er natürlich gekrault.
Nach etwa einer halben Stunde sollte der Hund sein Futter bekommen; er hat ja längere Zeit nichts gefressen und müßte hungrig sein. Gefüttert wird am Liegeplatz beziehungsweise im Zwinger, der den meisten Gebrauchshunden als Aufenthaltsort dient (siehe »Der Zwinger« S. 22). Nach dem Fressen tragen wir unseren Welpen an einen ausgewählten Platz, wo er sein Geschäft erledigen kann. Danach überlassen wir ihn im Zwinger seinem Schicksal, denn er muß als erstes lernen, sich mit dem Alleinsein abzufinden. Zunächst wird er eine Zeitlang einen Höllenspektakel

Tip:
Es ist ratsam, die unmittelbaren Nachbarn über den Einzug des neuen Hausgenossen zu informieren. Verständnisvolle Tierfreunde werden es dann in Kauf nehmen, wenn er in den ersten Tagen ab und zu jault.

veranstalten, was wir unbedingt ignorieren müssen. Irgendwann verlassen ihn dann die Kräfte, und der hundemüde kleine Kerl schläft ein.

Wichtiger Hinweis:
Nach dem Füttern braucht der Hund unbedingt seine Ruhe!
Im Laufe des Tages beschäftigen wir uns ab und zu mit ihm; mittags bekommt er wieder sein Futter.
Auf keinen Fall gehen wir zu ihm oder lassen ihn gar aus seinem Gehege, wenn er jault. Er würde das als ein schönes Erfolgserlebnis betrachten und sein Bemühen, sich bemerkbar zu machen, immer wiederholen. Gerade das aber wollen wir ihm ja so schnell wie möglich abgewöhnen.

Wir lassen ihn anfangs nur kurz in die Wohnung, damit er dort keinen See produziert. Welpen »müssen« ganz furchtbar oft; die Zeitabstände vergrößern sich aber mit zunehmendem Alter.

Das Wichtigste in Kürze

- Ein Hund, sollte früh lernen, allein zu bleiben.
- Je jünger der Hund ist, desto mehr Mahlzeiten hat er nötig und er braucht jetzt auch noch mehr Ruhe.

Tip:
Geben Sie Ihrem Hund während der Wintermonate täglich einen Löffel LEBERTRAN; darin ist Vitamin D enthalten, das der Organismus nämlich nur unter dem Einfluß von UV-Strahlung selbst bilden kann.

Die Fütterung

Was und wann?

Der junge Hund sollte möglichst bis etwa zum 6. Lebensmonat dreimal täglich gefüttert werden, denn kleinere Mengen bekommen ihm besser. Danach stellen wir die Fütterung auf zwei Rationen täglich um. Wenn der Hund ein Jahr alt ist, kommt er mit einer Mahlzeit aus.
Es darf nur so viel Futter gegeben werden, wie das Tier sofort und vollständig verzehrt. Bleibt ein Rest übrig, war es zu viel, und die Menge muß reduziert werden. Neben dem **Trockenfutter,** das in großer Vielfalt angeboten wird, empfiehlt sich als Abwechslung **Reis**, den man in Knochenbrühe abkocht. Knochen gibt es preiswert, manchmal sogar auch kostenlos beim Metzger. Eine tägliche Zugabe von **Kalk und anderen Mineralstoffen** ist unerläßlich für eine gesunde Entwicklung. Geeignete Präparate erhält man im Zoo- und Futtermittelhandel. Außerdem kann dem Futter wechselweise Quark (Hüttenkäse), Honig sowie ab und zu ein Ei, eine Banane oder eine geriebene Möhre beigemischt werden.

Von der **Frischfleischfütterung** ist man seit einiger Zeit abgekommen, da bekannt ist, daß rohes Schweinefleisch die Aujeszkysche Krankheit verursachen kann. Pansen und Blättermagen (Rind) dagegen kann man geben.

Zum Ausgleich für die mangelnde Beanspruchung des Kauapparats durch das Trockenfutter geben wir unserem Hund ein- bis zweimal wöchentlich einen **Kalbsknochen.** Bekommt er jedoch zu häufig Knochen, können Verdauungsstörungen die Folge sein.

Appetitlosigkeit und ständiger Hunger

Der Hund soll sich immer hungrig auf seinen Napf stürzen. Tut er das nicht, sondern schnüffelt lustlos und fischt sich beinahe widerwillig Brocken heraus, muß man den Napf unnachsichtig sofort wieder entfernen, und auf keinen Fall darf ein Hund durch Streicheln oder gar vorgetäuschten Futterentzug zum Fressen animiert werden. Man sollte bei Appetitlosigkeit aber auch Unwohlsein oder eine Krankheit bedenken. Wenn sich der Zustand nicht bald gibt, sollte man den Tierarzt um Rat fragen.

Vorsicht bei einem Vielfraß! Der nimmt sich gerne viel mehr, als ihm guttut! Ein überfütterter Hund ist nicht nur ein unschöner Anblick, er kann außerdem auch Gesundheits- und Wachstumsstörungen davontragen, und sein Wohlbefinden leidet erheblich.

Muß sich der heranwachsende Hund beim Fressen nicht bücken, können Verformungen des Knochengerüstes verhindert werden

Der Zwinger

Zwingerhaltung entbindet den Hundehalter nicht von der Verpflichtung, täglich mit seinem Vierbeiner spazierenzugehen, denn der Hund braucht Bewegung und sollte auch sein Geschäft nie im Zwinger verrichten müssen

Für Gebrauchshunde wird in den meisten Fällen Zwingerhaltung in Frage kommen – was aber nicht bedeuten muß, daß der Vierbeiner nicht auch mal ins Haus darf.

Eines sollte man wissen: Ein sachgemäßer Zwinger ist eine ziemlich kostspielige Angelegenheit! Der **Standort** muß so gewählt werden, daß fremde Personen außerhalb des Grundstücks keinen Kontakt zum Hund herstellen können. Wenn die Möglichkeit besteht, den Zwinger an einer Hausseite zu errichten, hat man bereits eine feste Rückwand. Drei Seiten sollten geschlossen und nur eine Seite offen sein. Hierbei muß beachtet werden, daß die Wetterseite (Westen) keinesfalls offen sein darf. Maschendraht sollte man nicht verwenden; an ihm werden die meisten Tiere ihre Zähne erproben. Senkrechte Eisenstäbe haben sich am besten bewährt.

Als **Maße** haben sich 2 m x 4 m als Grundfläche und 1,80 m als Höhe bewährt. Eine Überdachung sollte man in jedem Fall vorsehen.

2 m x 3 m der Grundfläche werden mit Beton oder Platten befestigt. Dabei muß man ein Gefälle anle-

gen, damit das Wasser gut ablaufen kann, wenn der Zwinger mit dem Schlauch ausgespritzt wird.

Es hat sich bewährt, eine **Grube** von 1 m x 2 m Grundfläche und etwa 20 cm Tiefe auszuheben, eine passende, kleinmaschige Baustahlmatte hineinzulegen und mit Sand aufzufüllen. Der Hund kann sich dann nicht unter dem Gitter hindurchbuddeln, hat aber die Möglichkeit, im Notfall in dieser Grube sein Geschäft zu verrichten, falls er mal aus irgendeinem Grund länger als gewohnt im Zwinger bleiben muß.

Mit einer **Hütte** und einem großen **Liegebrett** wäre die Hundewohnung komplett. Die Hütte dient nur als Schlafplatz und darf keinesfalls zu groß ausfallen, damit die Körperwärme dem Hund im Winter zugute kommt. Sie sollte ca. 70 cm breit, 120 cm lang und 75 cm hoch sein. Für das Schlupfloch genügen etwa 30 cm in der Breite und 45 cm in der Höhe. So ist gewährleistet, daß nicht zuviel Wärme abzieht.

Außerdem sollte der Hund im Zwinger immer eine Schüssel mit frischem Wasser zur Verfügung haben.

Diese Boxerhündin wacht aufmerksam über ihre Welpen

Kapitel 4

Kleine Hundepsychologie

Erziehung und Ausbildung eines Hundes können nur erfolgreich sein, wenn es uns gelingt, uns dem Partner Hund verständlich zu machen. Voraussetzung dafür ist, daß wir zu verstehen beginnen, wie beim Hund Lernprozesse ablaufen und warum er auf bestimmte Reize so und nicht anders reagiert. Nur wenn die Erziehung darauf eingeht, kann sie als artgerecht bezeichnet werden.

Die geistige Leistungsfähigkeit

Der Lernvorgang ist beim Hund eine einfache Verknüpfung von Vorgängen im Gedächtnis. Er ist nicht fähig, im menschlichen Sinne logisch zu denken, sondern ersetzt angenehme sowie unangenehme Erfahrungen vorwiegend instinktiv um. Auch versteht er nicht jedes Wort, wie sooft fälschlicherweise behauptet wird, sondern er prägt sich häufig wiederkehrende Redewendungen immer in Verbindung mit bestimmten Handlungsabläufen ein (»Wenn ich ›Platz‹ höre, muß ich mich hinlegen, sonst ist Herrchen böse.«).

Den Sinn gesprochener Worte kann der Hund also nicht wirklich verstehen. Ihm fehlt außerdem die Einsicht, wenn er nach unserer Auffassung etwas falsch gemacht hat, daher kann er auch kein schlechtes Gewissen haben, obwohl Hundebesitzer dies häufig von ihren Vierbeinern behaupten. Ihm ist lediglich klar, daß er sich falsch verhalten hat und deshalb mit unangenehmen Konsequenzen rechnen muß; das Verständnis dafür fehlt ihm jedoch.

Leider neigen viele Hundebesitzer dazu, ihren vierbeinigen Hausgenossen so sehr an ihrem Alltag Anteil nehmen zu lassen, daß sie ihm menschliches Verhalten geradezu aufdrängen. Dies rührt zwar aus großzügiger Zuneigung her, aber man erreicht damit nur, daß die Harmonie des Zusammenlebens gestört wird. Denn es fehlt in solchen Fällen dem Hund oft die feste Hand, deren er in seiner Eigenschaft als Rudeltier bedarf. Das kann zu Aggressivität und sogar zu gesundheitlichen Schädigungen führen.

Der Hund ist schon so sehr zum Haustier geworden, daß er mehr den Kontakt zum Menschen als zu seinen Artgenossen sucht

Der Mensch muß seine Position als »Rudelführer« behaupten, wenn er die Oberhand behalten will

Zwar ist der Hund schon so sehr zum Haustier geworden, daß er, wie Verhaltensforscher erkannten, eher Kontakt zum Menschen als zu seinen Artgenossen sucht. Diese Anlage eines jeden Welpen, zum treuesten Freund des Menschen zu werden, führt aber nicht automatisch zu einer engen Freundschaft zwischen beiden. Deren Entwicklung muß vielmehr vom Menschen gefördert werden und setzt Einfühlungsvermögen und Einblick in das Verhalten des Hundes voraus. Tiere, die artgemäß in sozialen Gruppen mit einer Rangordnung leben, etwa Hunde in einem Rudel, sind natürlicherweise bestrebt, einen möglichst hohen Platz in dieser Hierarchie einzunehmen. Um als Mensch die Oberhand zu behalten, wird man nicht umhin können, sich den Hund zu unterwerfen und die eigene Position als »Rudelführer« zu behaupten. Die Beziehung Mensch-Hund muß aber dennoch – oder gerade deshalb – auf eine Basis des Vertrauens gestellt werden. Der Hund darf nicht zum Sportgerät oder zum Objekt der Willkür degradiert werden.

Bei Hunden gibt es rassebedingte unterschiedliche Wesensmerkmale und Anlagen des Charakters. Leicht lenkbar sind die einen, mit einer ausgeprägten Neigung zur Eigenständigkeit ausgestattet die anderen. Letztere brauchen bei der Erziehung eine starke Hand, also einen »Rudelführer«, der ihnen mit Konsequenz und Nachdruck klarzumachen versteht, was sie zu tun oder zu lassen haben. Eines ist nicht zu vergessen: Gerade diese Hunde brauchen bei aller Strenge Lob, Anerkennung und Zuwendung.

Das Wichtigste in Kürze

- Hunde verstehen nicht, was wir sagen, aber sie lernen anhand unserer Reaktionen auf ihr Verhalten, was sie tun dürfen, tun sollen oder zu unterlassen haben.
- Wir müssen unserem Vierbeiner von Beginn an ein konsequenter, aber vertrauenswürdiger Rudelführer sein, wenn aus dem Welpen ein zuverlässiger Gebrauchshund werden soll.

»Was Hänschen nicht lernt ...«

Für diese drei hat der Ernst des Lebens noch nicht begonnen

Wichtig ist, daß die Veranlagungen und die Eigenarten eines Hundes bereits im Welpenalter erkannt und rechtzeitig entsprechend gefördert beziehungsweise unterdrückt werden. Übt man Nachsicht, weil der Hund ja noch so klein und niedlich ist, kann man sich damit ein Tier heranziehen, das später die ganze Familie tyrannisiert.

Wichtiger Hinweis:
Je besser ein Hund in die menschliche Gemeinschaft integriert wird, um so eher wird er später gewillt sein, die Aufgaben, die man ihm stellt, zu erfüllen. Insbesondere Hundesportler haben das zu bedenken und entsprechend zu handeln, wenn sie mit der Ausbildung Erfolg haben wollen.

Kapitel 5

Was der Welpe lernen muß

Stuben- und Zwingerreinheit

Wir können den Welpen am besten zur Sauberkeit erziehen, wenn wir ihn ständig in unserer Nähe haben. Das ist bei einem Wohnungshund der Fall. Obwohl Gebrauchshunde überwiegend im Zwinger gehalten werden, ist das Thema Stubenreinheit auch für sie von Bedeutung.

Wohnungshaltung

Wenn der Hund im Haus gehalten werden soll, ist für ihn ein fester Liegeplatz vorzusehen. Wir besorgen uns einen stabilen Pappkarton oder eine Holzkiste, gerade so groß, daß der Welpe bequem darin liegen kann. Er darf auf gar keinen Fall die Möglichkeit haben, selbständig auszusteigen; die Kiste muß also hoch genug sein. Sie wird mit einem Stück Fell oder einer Wolldecke ausgelegt; ein kleines Spielzeug (zum Beispiel ein Gummiigel) sollte darin nicht fehlen.

Hunde gewöhnen sich schnell an einen bestimmten Platz, an dem sie ihr Geschäft erledigen. In unmittelbarer Nähe des Hauses haben wir diesen Ort ausgesucht und tragen den Welpen bald nach seiner Ankunft dorthin. Löst (entleert) er sich nicht gleich, wiederholen wir die Prozedur nach ein paar Minuten. Es wird nur kurze Zeit dauern, bis der Hund zumindest eine Pfütze macht. Natürlich wird er dann überschwenglich gelobt. Er wird nun diesen Ort als seine »Toilette« betrachten. Wir müssen ihm nur immer die Möglichkeit geben, sich dort zu entleeren.

Jetzt heißt es aufpassen: Wenn der Welpe aus dem Schlaf erwacht und nachdem er gefressen hat, muß er sein Geschäft verrichten, und wir tragen ihn zu diesem Zweck sofort hinaus. Das gleiche gilt, wenn wir für eine Weile mit ihm gespielt haben. Ein unbeaufsichtigter Welpe wird sich, da er noch nicht allein zu seinem Örtchen gelangen kann, in der Wohnung entleeren. Das sollte auf keinen Fall passieren! Aber zum Glück haben wir ja die Kiste, die er ohne Hilfe nicht verlassen kann. Alle zwei bis drei Stunden müssen wir uns zwar auf ein »Geschäft« einstellen, aber wir können zwischendurch unserer Arbeit nachgehen und brauchen den Hund nicht ständig zu beobachten. Nur in der

allergrößten Not wird er seinen Liegeplatz verunreinigen; so weit sollte es aber keinesfalls kommen. Wir können uns ein ganz bestimmtes Hörzeichen, also zum Beispiel »nun mach schön«, angewöhnen; das wird den Hund mit der Zeit veranlassen, das Gewünschte schnell zu erledigen.

Die ersten Nächte kosten möglicherweise etwas Schlaf. Ein Familienmitglied (das aber nicht gerade schläft wie ein Murmeltier), soll in der Nähe des Welpen sein Nachtlager aufschlagen und muß ihn dann nach draußen tragen, sobald er sich bemerkbar macht. Man kann auch das Glück haben, daß der Hund von Anfang an nachts durchhält, wenn man ihn abends spät und morgens früh hinausläßt.

Nach etwa einer Woche ist der Karton überflüssig und kann durch eine flache Kiste oder einen Korb ersetzt werden. Natürlich müssen wir immer noch aufpassen. Mit einiger Sicherheit wird sich unser Vierbeiner aber jetzt bereits bemerkbar machen, wenn er hinaus muß.

Ist das Geschäft doch einmal auf den Teppich gegangen, schimpfen Sie Ihren Welpen nicht erst eine Weile später aus, denn er kann die Strafe dann nicht mit seiner Tat verknüpfen

Wichtiger Hinweis:

Passiert einmal in der Wohnung ein Unglück, hat es keinen Sinn, den Hund später dafür zu strafen. Das würde ihn nicht zur Einsicht bringen, sondern nur einschüchtern. Ertappen wir ihn in flagranti, tragen wir den Welpen sofort an das bestimmte Örtchen, anderenfalls ignorieren wir den Vorfall.

Zwingerhaltung

Wächst unser Hund im Zwinger auf, dann müssen wir uns mit dem Neuankömmling so lange beschäftigen, bis er sein erstes Geschäft außerhalb des Zwingers erledigt. Am besten ist es, wir sperren ihn zunächst immer dann ein, wenn er sich gerade gelöst hat; so haben wir eine gewisse Zeit Ruhe.

Dann muß man, wie beim Wohnungshund, aufpassen und ihn nach dem Schlafen und Fressen an den vorgesehenen Platz bringen. Er darf sich auf gar keinen Fall in dem Zwinger entleeren. Und wenn er später einmal länger als sonst eingesperrt bleiben muß, soll er in die dafür vorgesehene Ecke gehen.

Erste Spaziergänge mit Halsband und Leine

Wir gewöhnen unseren Welpen möglichst früh an Halsband und Leine, damit wir bald kleine Spaziergänge mit ihm unternehmen können. Sein anfängliches Sträuben gegen die Leine hält meist nicht lange an, wenn wir ihm mit etwas Geduld begegnen.

Anfangs genügt ein kleines Lederhalsband, das im Alter von 4 Monaten durch ein Gliederhalsband ersetzt wird. Das Lederhalsband verbleibt am Hund, um ihm nicht jedesmal die Prozedur des Anlegens zuzumuten. Wir müssen ab und zu prüfen, ob es noch locker genug sitzt, und gegebenenfalls die Einstellung um ein Loch verändern. Später wird dem Hund das Halsband über Nacht stets abgenommen, denn bei dauerndem Tragen könnten Schäden am Haarkleid entstehen.

Angeleint kann sich der Hund nicht selbst in Gefahr begeben, indem er beispielsweise zu fremden Hunden oder auf die Straße in ein Auto läuft. Wir sollten jedoch danach trachten, den Welpen mit seiner Umwelt vertraut zu machen. Passanten, die stehenbleiben und Spaß an dem kleinen Kerl haben, dürfen ihn ruhig streicheln, auch darf er einen gutmütigen Artgenossen beschnuppern, den dessen Herrchen an der Leine hält. Wir achten aber darauf, daß kein großer Hund auf unseren Welpen losstürmt, denn dies könnte ihn in Panik versetzen und mißtrauisch gegenüber Artgenossen machen.

Für Gewaltmärsche ist der Welpe noch nicht geeignet. Hier gilt es, die Anforderungen langsam zu steigern. Hat er gerade gefressen, müssen Spaziergänge auf alle Fälle unterbleiben.

Tip:
Je aufmerksamer man am Anfang ist, desto schneller wird der Welpe sauber.

Dieser Junghund geht bereits freudig an der Leine

Der Umgang mit Artgenossen

Tip:

Hunde sollten beim Spielen kein Metallhalsband tragen, denn sie müssen sich ungehindert überall fassen können. Für das arttypische Verhalten ist gerade die Halspartie prädestiniert.

Für unseren Welpen ist der Kontakt zu anderen Hunden eine äußerst wichtige Sozialisierungsgrundlage. Wenn es sich einrichten läßt, soll er häufig mit einem etwa gleichaltrigen Vierbeiner toben und spielen. Dabei wird das Selbstbewußtsein des Welpen gestärkt, er erfährt aber auch, daß es Grenzen gibt und die Gegenseite bei allzu großem Übermut kontert. Diese Auseinandersetzungen prägen den Charakter des Hundes entscheidend, was das spätere Verhalten gegenüber Artgenossen betrifft. Wir wollen unseren Welpen zu einem unbefangenen, aggressionsfreien Begleiter erziehen, der sich aber doch seiner Haut zu wehren weiß. Stürmische oder rauflustige Hunde halten wir von ihm fern, denn unangenehme Erlebnisse beeinflussen sein späteres Verhalten gegen Artgenossen genauso stark wie angenehme.

Lassen wir unseren Welpen mit einem ausgewachsenen Hund spielen, achten wir darauf, daß der kleine Kerl nicht zu sehr gejagt oder gar überrannt wird; andernfalls müssen wir das Spiel unbedingt sofort abbrechen.

Man kann häufig beobachten, daß überlegene Hunde beim Spiel mit Welpen sehr nachsichtig umgehen, indem sie ihre Unterlegenheit nur vorgeben. Mit solchen Spielkameraden entwickelt sich unser Hund gut.

Das Autofahren

Dieses Thema ist von ziemlicher Wichtigkeit; dennoch geht man oft nicht sorgfältig genug vor, um den Welpen planmäßig und mit der Zeit an das Autofahren zu gewöhnen und ihn von der Harmlosigkeit dieses Unterfangens zu überzeugen. Es ist nämlich äußerst unerfreulich, mit einem Hund reisen zu müssen, der während der Fahrt verstört in der Ecke sitzt und sich häufig erbricht. Deshalb beginnen wir bereits im frühen Welpenalter mit der Gewöhnung.

Am besten unternimmt man die ersten Übungsfahrten zu zweit und setzt den kleinen Kerl zu Füßen des Beifahrers auf den Boden. Er darf mindestens drei Stunden vorher nichts mehr gefressen haben; daran sollten wir uns immer halten. Die Fahrt wird für den Hund lustbetont, wenn wir ihm sofort nach Verlassen des Fahrzeugs ein angenehmes Erlebnis vermitteln. **Beispiel:** Wir fahren ungefähr einen Kilometer, lassen den Welpen aussteigen und spielen kurz mit ihm, nehmen ihn zwanglos auf den Arm, setzen ihn wieder ins Auto, und ab geht's nach Hause. Sobald wir hier angekommen sind, stellen wir den Motor ab, kraulen unseren Hund noch einen Moment und genehmigen ihm vielleicht auch einen Leckerbissen.

Tip:

Am Anfang fährt man am besten zu zweit, damit sich einer um den Hund kümmern kann.

Der Hund muß lernen, erst auf Kommando aus dem Auto zu springen; das bewahrt ihn vor plötzlichen Gefahrensituationen

Wenn wir einige Tage so verfahren, läßt sich bereits erkennen, ob dem Welpen das Fahren noch unangenehm ist oder ob er schon gern mitfährt. Gegebenenfalls muß noch ein paar Tage auf diese Weise weitergeübt werden.

Viele Besitzer von Gebrauchshunden benutzen zum Transport ihres Vierbeiners einen Kombiwagen. Zeigt der Hund neben dem Fahrer keine Abneigung mehr gegen das Fahren, können Kombibesitzer ihm nun seinen künftigen Stammplatz weiter hinten im Auto zuweisen. Auch werden einige Tage lang nur kurze Strecken zurückgelegt, und zwar sehr vorsichtig, damit der Welpe nicht hin- und hergeschleudert wird und dadurch Angst bekommt. Nach der Fahrt öffnen wir die Klappe, setzen uns zu dem Hund und beschäftigen uns eine Weile mit ihm. Wenn er gelernt hat, daß es ein Leckerchen gibt oder wir kurz mit ihm spielen, wird er in Zukunft nicht sofort hinausstreben. Keinesfalls dürfen wir dem Welpen gestatten, aus dem Fahrzeug zu springen. Wenn unser Hund etwa vier Wochen lang trainiert hat, wird er so autotauglich sein, daß ihm auch längere Fahrten nichts mehr ausmachen.

Welpen-Lehrplan

frühes Welpenalter	**ab der 12. – 14. Woche**	**während des Zahnwechsels (4,5 – 6,5 Monate)**
– allein bleiben	– Beginn der Fährtenarbeit	– Stellen und Verbellen
– Stuben- und Zwingerreinheit	– »Beute« fassen	– »Voran«
– auf den Namen hören		– Gewöhnung an Schüsse
– sich an Halsband und Leine gewöhnen		
– Umgang mit Artgenossen		
– Autofahren		
– »Hier«		
– »Sitz«		

Das Wichtigste in Kürze

- Damit ein Welpe schnell stubenrein wird, braucht er einen festen Löseplatz und ein geduldiges Herrchen. Auch wenn der Hund im Zwinger gehalten wird, ist eine entsprechende Erziehung nötig.
- Angeleint darf der Welpe schon bald auf kurzen Spaziergängen seine Umwelt erkunden. Das ist sogar notwendig für seinen Lernprozeß.
- Fördern Sie Kontakte Ihres Welpen zu Artgenossen, damit er lernt, unbefangen und aggressionsfrei mit ihnen umzugehen!
- Damit ein Hund problemlos im Auto mitgenommen werden kann, sollten Fahrten anfangs mit angenehmen Erfahrungen verbunden sein.

Kapitel 6

Die Schutzhundausbildung

Was sie heutzutage bedeutet

Wer einen Gebrauchshund hat, betreibt auch meist Hundesport. In der Bundesrepublik gibt es in Orten ab einer gewissen Größenordnung Gebrauchshund- und Rassezuchtvereine. Dort finden sich Hundesportler zusammen, um ihre Hunde auszubilden und sie später auf Schutzhundprüfungen vorzuführen.

Der Begriff »Schutzhund« weckt im Laien oft ganz falsche Vorstellungen. Die verbreitete Ansicht, nur ein geprüfter beziehungsweise ausgebildeter Hund würde einen optimalen Schutz für Haus und Familie bieten, ist unrichtig, denn die Schutzhundausbildung ist heute eine überwiegend sportliche Angelegenheit! Spaß an der Arbeit und Prüfungserfolge haben weit höhere Bedeutung als der praktische Nutzen einer Hundeausbildung. Zwar werden bei der Schutzdienstarbeit auch der Verteidigungs- und der Schutztrieb freigesetzt und gefördert; im Ernstfall kann es jedoch passieren, daß ein ausgebildeter Hund die gewünschte Reaktion vermissen läßt, da er nur auf das ihm bekannte Reizmittel, den sogenannten Schutzarm, reagiert. So kann sich ein Hund, der hervorragende sportliche Leistungen vollbringt, im Alltag durchaus als nicht unbedingt zuverlässiger Beschützer erweisen.

Es gilt also, zwischen Hundesport als Hobby für private Hundehalter und Zivilschutz, wie er etwa von Diensthunden verlangt wird, zu unterscheiden.

Ein entsprechend veranlagter Hund sollte nach Möglichkeit ausgebildet werden. Die sportliche Betätigung macht ihn umgänglich und vertieft die Beziehung zwischen Führer und Hund. Zudem stellt die Arbeit mit dem Tier in freier Natur für seinen Besitzer einen schönen Ausgleich zum streßerfüllten Alltag dar. Außerdem sind Gehorsamsübungen, ganz gleich welcher Art, für jeden Hund unerläßlich.

Erfolgreiche Arbeit mit dem Hund erfordert Konsequenz und Einfühlungsvermögen. Wir müssen lernen, Geduld aufzubringen, wenn es einmal nicht gelingt, uns dem vierbeinigen Partner verständlich zu machen. Vertrauen des Hundes zu seinem Führer ist die unabdingbare

Tip:

Wenn Sie feststellen, daß bei Ihrem Hund Verteidigungs- und Schutztrieb gut ausgeprägt sind, dann eignet er sich für die Schutzhundausbildung.

Voraussetzung für eine zuverlässige Zusammenarbeit. Wir verlangen von unserem Hund unbedingten Gehorsam. Was er gelernt hat, soll er auf unseren Zuruf, also das Hörzeichen, unverzüglich ausführen. Unser Ziel ist es, einen freudig arbeitenden Hund vorzuführen.

Auf Gehorsamsverweigerung folgt unmittelbar Zwang, das läßt sich bei der Hundeausbildung nicht vermeiden. Der Hund muß wissen, was er soll, dies ist die Voraussetzung dafür, ihm mit Nachdruck begreiflich zu machen, daß er unserer Aufforderung Folge zu leisten hat.

Voraussetzung: die Begleithundprüfung

Im Straßenverkehr ist der Hund an der Leine immer noch am sichersten, vor allem, wenn er noch nicht gelernt hat, ohne Leine »bei Fuß« zu gehen

Bevor ein Hund zur Schutzhund-I-Prüfung vorgeführt werden kann, muß er die Begleithundprüfung ablegen. Für diese ist das Mindestalter von zwölf Monaten zwingend vorgeschrieben.

Hier werden von den Vierbeinern sozialverträgliches Verhalten, gute Nerven und Anpassungsvermögen gefordert. Hunde ohne ausreichenden Gehorsam, mit Aggressionen oder Schreckhaftigkeit können diese Prüfung nicht bestehen.

In der Abteilung A muß der Hund auf dem Übungsplatz Leinenführigkeit, Freifolgen, Sitz und Platz zeigen, wie es im folgenden Kapitel über die Schutzhundausbildung beschrieben wird. Abteilung B erfordert sicheres Verhalten im Straßenverkehr unter verschiedenen vorgegebenen Bedingungen.

Diese Prüfung wird nicht nach Punkten, sondern nach den Werturteilen »bestanden« oder »nicht bestanden« beurkundet.

Das letzte Kapitel dieses Buches »Ratschläge vor der ersten Prüfung« (siehe Seite 109) vermittelt Ihnen noch einige Tips, worauf Sie zu achten haben, wenn Sie mit Ihrem Hund in die Begleithundprüfung gehen.

Die Fährtenarbeit

Hund und Fährte

Der Hund ist ein sogenanntes Nasentier; er erfaßt und erlebt seine gesamte Umwelt in erster Linie mit seinem Riechorgan. Auf diesem Gebiet ist er uns weit überlegen. Es gilt, uns diese ausgeprägte Veranlagung zunutze zu machen. Der Fährtengeruch in der Gebrauchshundausbildung setzt sich zusammen aus dem Individualgeruch des Menschen und den Gerüchen, die sowohl durch die Bodenverletzung als auch durch die Beschädigung der Pflanzen entstehen. Diesem sogenannten Mischgeruch der Fährte soll unser Hund folgen. Witterungsverhältnisse und Bodenbeschaffenheit sowie Luftströmungen beeinflussen das Geruchsmoment entscheidend.

Wichtiger Hinweis:

Grundprinzip der Ausbildung ist es, dem Hund in irgendeiner Weise die Fährte interessant zu machen. Wir legen dazu Futterbrocken aus. Manche Ausbilder haben aber auch mit anderen Lösungen Erfolg.

Der Welpe lernt Fährten

Sobald sich der Welpe an seine neue Umgebung gewöhnt hat und auf seinen Namen hört, können wir mit der Fährtenarbeit beginnen. Sorgfältige Vorbereitung ist unbedingt erforderlich. Der Hund sollte sich vorher entleert und mindestens 4 Stunden vor der Sucharbeit nichts mehr gefressen haben. Er muß hungrig sein, damit die ausgelegten Fleischbröckchen für ihn einen Anreiz darstellen, seine Nase zu gebrauchen.

Wir nehmen den Hund, der ein Gliederhalsband trägt, an eine etwa

Beim Übungsfährten beträgt die Leinenlänge nicht mehr als 4-5 Meter, damit man den Hund besser führen kann

2 m lange, nicht zu schwere Führleine und gehen nach draußen. Dort wird er an einem Baun oder Zaunpfahl festgebunden, und zwar in unmittelbarer Nähe des ausgesuchten Geländes, damit wir ihn motivieren können und er auch das Legen der Fährte beobachten kann. Eine etwa 10 cm hohe Wiese mit einem gewissen Feuchtigkeitsgrad ist für den Anfang ideal. Über unterschiedliche Geländearten und -bedingungen informiert Sie später der Abschnitt »Witterungs- und Bodenverhältnisse« (siehe Seite 47). Die ersten Fährten sollten gut wahrnehmbare Sichtfährten auf einheitlichem Gelände sein. Der Hund nimmt anfangs die Augen zu Hilfe, das soll er auch; es erleichtert die Arbeit, und er begreift schneller, was von ihm verlangt wird. Allmählich wird er seinen ausgeprägten Geruchssinn mehr und mehr einsetzen. Feuchter Boden und kühles Wetter sind optimale Voraussetzungen für erfolgreiche Fährtenarbeit. Bei trockenem Wetter gehen wir entweder morgens oder abends zum Fährten. Die Fährte wird zunächst immer mit dem oder aber gegen den Wind gelegt. Seitenwind würde den kleinen Kerl dazu verleiten, seitlich auszubrechen, was wir von Anfang an verhindern sollten. Der Geruch würde sich zur Seite hin verflüchtigen, und seine Intensität, auf die wir bei den ersten Versuchen unbedingt achten müssen, wäre nicht ausreichend.

Besonders für jemanden, der mehrere Hunde hält, eignet sich ein solcher spezieller Hundetransportanhänger

Die erste Fährte

Wir legen am besten kleine Wurstbröckchen aus, die der Hund im Gehen schnell aufnehmen kann, damit der Fährtenfluß nicht unterbrochen wird. Diese Fleischbröckchen sollten die Größe einer Daumenkuppe haben. Der Welpe darf aber nicht zu lange kauen, denn währenddessen kann er sein Riechorgan nicht einsetzen. Da wir jetzt wissen, worauf es ankommt, können wir mit der eigentlichen Arbeit beginnen.

Wir zeigen dem angebundenen Hund unsere Fleischtüte, geben ihm eventuell sogar ein Stück daraus, gehen zu dem von uns gewählten Ausgangspunkt, stecken einen Stock in die Erde und treten rechts davon durch mehrmaliges festes Auftreten beziehungsweise leichtes Scharren den sogenannten **Ansatz** ab, auf dem drei Fleischbröckchen verteilt werden. Dann geht der Fährtenleger los, und nun muß folgendes ganz genau beachtet werden, wenn sich der Erfolg einstellen soll: Man setzt in kurzen Abständen einen Fuß unter leichtem Hin- und Herdrehen vor den anderen (nicht zu weit seitlich). Es darf auf keinen Fall eine Schleifspur entstehen; die Fährte muß jedoch für den Hund optisch wahrnehmbar sein. Alle 3 bis 4 Schritte legen wir in die Mitte des Fußstapfens ein Wurstbröckchen, und zwar jeweils abwechselnd in einen rechten und einen linken Abdruck. Die Fährte für einen Welpen sollte anfangs 5 Meter Länge nicht überschreiten. Am Ende der Fährte findet der Hund eine ganze Mahlzeit, die er vorher nicht sehen können darf; gegebenenfalls wird eine Kuhle gemacht und das Futter hineingestellt. Der Junghund erhält jetzt die Portion, für diesen Tagesabschnitt.

Bevor der Hund auf die Übungsfährte geht, sieht er die Wurstbrocken, die ihn führen sollen

Die Fährte sollte etwa 10 Minuten alt sein, wenn wir den Hund ansetzen. Dazu nehmen wir mit beiden Händen die Leine, treten hinter den Hund, beugen uns leicht nach vorn und führen ihn mit dem Hörzeichen »Such« an den Ansatz beziehungsweise an die dort ausgelegten Leckerchen heran. Er muß alle drei Brocken aufnehmen, erst dann darf er dem weiteren Fährtenverlauf folgen. Wir wollen damit erreichen, daß er den Ansatz intensiv absucht und nicht sofort losstürmt.

Der Fährtenansatz muß deutlich ausgetreten sein und darf keine Schleifspuren haben

Alle 3 bis 4 Schritte wird in die Mitte des Fußstapfens ein Wurstbröckchen gelegt

Der Welpe erhält nun nochmals das Hörzeichen »Such«, wobei das nächste Fleischbröckchen auf dem darauffolgenden Fußabtritt zu finden sein muß. Wir führen den Hund, an kurzer Leine hinter ihm gehend, von Tritt zu Tritt und benutzen dabei nur die Ausdrücke »Such« und, wenn er wie gewünscht vorwärts geht, wird er mit »So ist brav« gelobt.

Es darf keine Hektik aufkommen; der Hund muß Gelegenheit haben, die einzelnen Fußstapfen in aller Ruhe geruchlich zu erfassen und zu prüfen, ob dort etwas zu finden ist. Wenn er seine Futterration gefunden hat, klopfen wir ihn leicht und loben ihn ruhig und ohne Hast mit »So ist brav, Leckerchen«. Diese Worte prägen sich dem Welpen ein, und wir können sie dann später als Motivation immer wieder gebrauchen.

Bei der Fährtenarbeit verwenden wir grundsätzlich drei **Hörzeichen:**

1. »Such« (beim Ansatz und wenn der Hund den Kopf hochnimmt)

2. »So ist brav« (sobald der Hund die Nase gebraucht und sich vorwärts bewegt)

3. »Pfui« (wenn er zwar sucht, aber nicht dem Fährtenverlauf folgt)

Und so wird gesprochen:
1. Hörzeichen »Such«: ruhig, aber bestimmt
2. Hörzeichen »So ist brav«: lobend
3. Hörzeichen »Pfui«: kurz und hart, doch Vorsicht, den Hund nicht durch zuviel Härte in der Stimme verprellen!

Wenn es nicht klappt

Es ist möglich, daß folgende Probleme auftreten:

Der Hund weiß noch nicht, was er soll, springt am Hundeführer hoch und will spielen. Jetzt nehmen wir ihn ganz kurz an die Leine und zeigen mit dem Finger unter dem Hörzeichen »Such« auf die Fährte, um sie ihm auf diese Weise interessant zu machen. Fährtet er dann, loben wir ihn mit »So ist brav«.

Der Hund sucht zwar, verläßt aber die Fährte. Dann heißt es »Pfui« mit einem leichten Leinenruck in Richtung Spur. Sobald er sie wieder aufgenommen hat, loben wir ihn aufmunternd mit »So ist brav«.

Der Hund verläßt mit erhobener Nase die Fährte. Auch hier heißt es »Pfui. Such«. Wir ziehen ihn in Richtung Fährte und nehmen wieder den Zeigefinger zu Hilfe. Führt er das Gewünschte aus, dann heißt es wieder, mit deutlichem Lob in der Stimme, »So ist brav«.

Das Training in den ersten 6 Lebensmonaten

Anfangs sollten wir 14 Tage lang täglich fährten. Dann ist der Hund meistens so weit, daß er die 5 bis 6 Meter lange Spur sauber absucht. Anschließend verlängern wir die Strecke auf 10 Meter, legen die Futterbrocken immer noch wechselseitig in gleichen Abständen aus und fährten auf dieser Strecke etwa eine Woche lang täglich. Die gleiche, aber etwa 20 Meter lange Fährte wird dann nochmals 14 Tage hintereinander abgesucht. Nach dieser Zeit weiß der Hund, was er tun soll und worum es geht. Er müßte jetzt die Strecke sicher und ruhig absuchen können. Wenn man im Alter von 12 bis 14 Wochen mit der Fährtenarbeit angefangen hat, ist der Junghund zu diesem Zeitpunkt etwa 5 Monate alt.

Die Fährte wird in der nächsten Phase 30 Meter lang, der Abstand zwischen den Futterbrocken etwa 2,50 Meter, und die Übungszeit erstreckt sich über eine Woche. Jetzt werden die Fußabtritte nicht mehr so intensiv gedreht wie am Anfang. Wir sollten möglichst jeden Tag mit unserem Hund suchen.

Tip:
Auf keinen Fall darf man den Hund zu überlaufenen Futterbrocken zurückholen, auch nicht den Fährtenfluß durch Verweilen an einem Fleischstück unterbrechen. Auch darf der Hund nie zu stürmisch fährten, sondern er muß durch das Tempo gezwungen werden, so langsam zu gehen, daß er die Fußtritte intensiv absuchen kann.

In den Saatreihen ausgelegte Fährten verleiten den Hund dazu, mit den Augen anstatt mit der Nase zu fährten

Als nächstes üben wir auf einer 50 Meter langen Fährte; die Leckerchen werden im Abstand von 4 bis 5 Metern ausgelegt. Beherrscht der Hund diesen Streckenabschnitt, wird die Gerade auf 100 Meter verlängert. Der Futterabstand beträgt dann etwa 7 Meter.

Man darf nicht vergessen, daß die Futteraufnahme immer auch eine Unterbrechung des Fährtenflusses bedeutet. Der Abstand zwischen den Leckerchen soll daher so weit wie möglich verlängert werden.

Fährten mit dem Junghund bei systematischer Steigerung

Obwohl der Hund ein Nasentier ist, versucht er, bei der Fährtenarbeit die Augen zu Hilfe zu nehmen; zum Beispiel veranlassen ihn Saatreihen dazu, wenn die Fährte in der gleichen geraden Richtung verläuft. Um die optische Wahrnehmung auszuschalten und dadurch den Schwierigkeitsgrad zu erhöhen, gehen wir auf solchen Flächen nicht mit den Saatreihen, sondern in leicht schräger Richtung. Das irritiert die meisten Hunde – sie werden anfangs leicht pendeln, lernen aber dadurch, das Auge auszuschalten und nur mit dem Riechorgan zu fährten.

Wichtiger Hinweis:

Besonders bei bearbeiteten Böden brauchen Sie unbedingt die Erlaubnis des Grundstücksbesitzers, sonst machen Sie sich strafbar.

Unser Hund ist jetzt 6 Monate alt. Als nächstes nehmen wir uns vor:

1. Fährtenverlauf ohne optische Orientierungsmöglichkeit (z.B. bei Saat schräg dazu) oder

2. Fährtenverlauf bei Seitenwind

Beherrscht der Hund das Geradeausfährten, so kann man damit beginnen, einen Winkel in den Fährtenverlauf zu legen

Überwindet der Hund nach einer gewissen Zeit diese Schwierigkeiten und sucht trotzdem intensiv, können wir dazu übergehen, einen Winkel einzubauen; diesen treten wir nach etwa 100 Metern sehr intensiv im leichten Bogen ab.

Bei der Winkelarbeit ist zu beachten, daß die Leckerchen mindestens 5 Meter vor dem Bogen ausgelegt werden. 5 Meter nach dem Bogen muß der Hund seine gesamte Futterration finden, das wird ihn zur freudigen Winkelarbeit veranlassen. Anfangs müssen wir dem Hund natürlich helfen, indem wir ihn mit dem bereits gewohnten Hörzeichen durch den Winkel führen. Wenn er gelernt hat, den Winkel zügig und ohne Hilfe zu nehmen, was nach etwa 15 solcher Fährten der Fall sein wird, gehen wir dazu über, eine komplette Schutzhund-I-Fährte (siehe unten), allerdings noch ohne Gegenstände, zu legen. Wir reduzieren die Futterbrocken auf ein Minimum; gegebenenfalls legen wir 5 Meter nach den Winkeln noch ein Bröckchen und, falls der Hund dazu neigt, zu schnell abzugehen, auch noch eins auf die Ansatzfläche. Die Länge der Spur sollte ungefähr 400 Schritt betragen.

Die Schutzhund-I-Fährte

Unter Prüfungsbedingungen gibt es zwei Möglichkeiten für die Fährtenform: zum einen die U-Form, die fast immer anzutreffen ist, und

Tip:
Es ist unbedingt darauf zu achten, wie der Hund den Zahnwechsel, der sich zu dieser Zeit vollzieht, verkraftet. Hat er Probleme, muß man die Fährtenarbeit vorübergehend einstellen. Möglicherweise läßt das Interesse an der Suche nach, da der Hund unter Appetitlosigkeit und in Ausnahmefällen sogar unter Fieber leidet.

zum zweiten den Blitz (siehe S. 53). Der erste Gegenstand liegt auf der Mitte des ersten oder zweiten Schenkels. Er sollte auf jeden Fall mindestens 1 1/2 Leinenlängen (die Suchleine ist 10 Meter lang) vom Winkel entfernt liegen. Der zweite Gegenstand wird am Ende abgelegt. Die Prüfungsordnung (PO) schreibt als Alter der Fährte mindestens 20 Minuten vor. Bei den Übungsfährten sollte zwischen 10 und 30 Minuten variiert werden.

Wir legen jetzt auch nicht mehr ausschließlich Sichtfährten, sondern schalten mitunter bewußt die Möglichkeit der optischen Wahrnehmung aus, um ganz sicherzugehen, daß der Hund mit seinem Riechorgan fährtet. Der Hundeführer muß sich den Fährtenverlauf unbedingt ganz genau einprägen.

Orientierungshilfen

Auf jedem Gelände gibt es Anhaltspunkte, die sich der Fährtenleger zwecks späterer Orientierung zunutze machen kann, zum Beispiel Maulwurfshügel, Grasbüschel, unterschiedliche Färbung des Bodens, Steine oder ähnliches: Die markanten Punkte sollten sich nie unmittelbar am Winkel oder am Endpunkt befinden, sondern besser etwa 1 Meter davor, dahinter oder seitlich davon, denn ganz clevere Vierbeiner achten selbst auf solche Punkte und orientieren sich daran.

Dieser Rottweiler fährtet mit einem Suchgeschirr anstelle des Halsbandes

Sollte ein Gelände keinerlei Anhaltspunkte bieten, dann können Winkel und Eckpunkte durch dünne Stöcke oder Schweißdraht markiert werden. Die Markierung sollte man so weit wie möglich (mindestens eine Armlänge) vom Fährtenverlauf entfernt setzen.

Wichtiger Hinweis:
Der Hundeführer muß den Fährtenverlauf genau kennen, das heißt, er sollte wissen, wo er die Winkel abgetreten und die Gegenstände abgelegt hat. Dies sichert ihm die unbedingte Kontrolle und die Möglichkeit, dem Hund zu helfen, falls dieser unsicher wird oder gar die Spur verläßt.

Weicht der Hund nach links oder rechts von der Fährte ab oder fährtet er neben der eigentlichen Spur, so wird er nicht zurückgehalten, sondern der Hundeführer stellt einen Zugwinkel her, indem er zur anderen Seite versetzt hinter dem Hund hergeht.

Wichtiger Hinweis:
Der Schwierigkeitsgrad der Fährten sollte unterschiedlich sein, das heißt, nach einer Arbeit auf schwierigem Gelände sollte unbedingt auch wieder eine Sichtfährte folgen. Steigern wir dagegen kontinuierlich die Anforderungen, kommt es leicht zur Überforderung. Der Hund muß Gelegenheit erhalten, sich bei leichteren Fährten zu erholen. Wird er über einen längeren Zeitraum permanent belastet, kann es zu einem totalen Zusammenbruch kommen, er will dann partout nicht mehr suchen.

Witterungs- und Bodenverhältnisse

Hin und wieder üben wir das Fährten auf Wechselgelände. Den Übergang von Wiese auf Acker und umgekehrt schaffen die Hunde anfangs nur mit Hilfe des Hundeführers. Unter Umständen stehen sie vor der neuen Situation wie vor einer unsichtbaren Wand.
Natürlich vermeiden wir es, auf frisch bearbeitetem Acker oder auf junger Saat zu fährten. Es gibt genügend Brachgelände, auch bieten sich, je nach Jahreszeit, abgeerntete Äcker (keine Stoppeläcker!) und gemähte Wiesen an. Bei erst vor kurzem umgebrochenem Boden kommen die Spuren, die vom Fährtenleger verursacht sind, geruchlich ohnehin nicht zur Geltung.
Auch fährten wir nicht auf Feldern mit frischem Dung und Kunstdünger, der sich besonders gefährlich auf das empfindliche Riechorgan des Hundes auswirken kann.
Stoppeläcker stellen ebenfalls kein ideales Fährtengelände dar. Verlet-

zungen der Nase können dort nicht ausgeschlossen werden, und der Hund gewöhnt es sich außerdem möglicherweise an, mit der sogenannten »hohen Nase« zu suchen, das bedeutet, daß er die Nase über der Widerristhöhe hält. Dies ist fehlerhaft und wird bei den Prüfungen mit Punktabzug bestraft. (Als Widerrist bezeichnet man den höchsten Punkt der Rückenlinie zwischen den Schulterblättern).

Mittagshitze und ausgetrockneter Boden stellen höchste Anforderungen an den Hund. Hier ist es besonders wichtig, den Fährtenverlauf gut zu kennen, da man mit Sicherheit Hilfen geben muß. Starke Regenfälle sollten einen ehrgeizigen Hundeführer dagegen nicht vom Fährten abhalten, denn wir müssen unseren Hund auch an aufgeweichten Boden und an Pfützen im Gelände gewöhnen.

Das Fährten muß auf wechselndem Gelände geübt werden. Zunächst schaffen die Hunde den Übergang vom Acker zur Wiese nur mit Hilfe des Hundeführers

Die geringe Geruchsintensität bei Schnee und Frost muß berücksichtigt werden, jedoch ist es ohne weiteres auch in der kalten Jahreszeit möglich zu fährten. Unsere Hunde sind durchaus in der Lage, auf gefrorenem Boden zu suchen.

Gegenstände

Der Hund ist jetzt etwa 8 Monate alt. Voraussetzung für das Verweisen von Gegenständen ist, daß er die Platzübung (siehe Kapitel »Unterordnung« Seite 58) beherrscht. Nun soll er lernen, ausgelegte Gegenstände, wie Geldbörse, Handschuh, Socken, Lederröllchen, durch selbständiges Platzmachen anzuzeigen, wobei der Fund zwischen seinen Vorderpfoten liegt. Die Suchgegenstände sollten so beschaffen sein, daß der Hund sie optisch nicht zu früh wahrnehmen kann.

Das Verweisen

Wir bauen eine Vorübung für das Verweisen auf der Fährte ein. Am besten eignet sich ein alter Lederhandschuh, den wir auf Spaziergängen ständig bei uns tragen sollten. Läuft der Hund frei, lassen wir den Handschuh so fallen, daß er diesen Vorgang nicht beobachten kann, rufen ihn dann, zeigen auf den Gegenstand und sagen leise, aber bestimmt »Platz«. Führt er das Kommando aus, wird er in dieser Stellung gestreichelt und gelobt. Es ist von Anfang an darauf zu achten, daß sich der Handschuh zwischen beziehungsweise vor den Vorderpfoten befindet. Wir müssen ihn unter Umständen dorthin legen, denn die Lage des »Platz«-machenden Hundes dürfen wir nicht korrigieren.

Tip:
Wir bieten dem Hund zum Fährten, so oft es geht unterschiedliches Gelände an. Wiesen eignen sich gut, auch Parkwiesen, allerdings nur, wenn an diesem Tag noch keine Spaziergänger darübergegangen sind.

Gegenstände, die der Hund verweisen soll, dürfen nicht groß sein, damit er sie nicht zu früh sieht

Nach dem Verweisen darf der Hund auf keinen Fall aufstehen, bevor er das Kommando »Sitz« bekommen hat

Diese Übung machen wir so oft wie möglich. Bald wird sich der Hund, wenn wir ihn rufen, auch ohne Hörzeichen am Gegenstand hinlegen – das ist unser Ziel. Wenn wir ihn in dieser Stellung mit einem kleinen Futterhappen belohnen, wird er das Gewünschte um so zielstrebiger ausführen. Der Hund muß unbedingt so lange liegen bleiben, bis wir in aller Ruhe den Handschuh in die Tasche gesteckt haben. Er darf sich auf keinen Fall erheben, bevor er nicht das Hörzeichen »Sitz« erhalten hat. Erst dann heißt es »Lauf«, und er kann wieder zwanglos umherstrolchen.

Verweisen auf der Fährte

Wenn das Verweisen klappt, können wir nunmehr dazu übergehen, zwei Gegenstände vorschriftsmäßig auf der Fährte abzulegen. Futterbröckchen werden höchstens noch ab und zu nach den Winkeln gelegt. Bisweilen sollte unser Hund im Liegen einen Belohnungshappen erhalten, wenn er korrekt verwiesen hat.

Neigt der Hund zum Überlaufen der Gegenstände, müssen wir rechtzeitig mit Leinenzug und dem Hörzeichen »Platz« einwirken. Wir geben ihm jedoch immer die Gelegenheit zum selbständigen Verweisen, da er es sich sonst angewöhnen könnte, grundsätzlich erst nach dieser Hilfe Platz zu machen. Hier heißt es aufpassen und sich konzentrieren. Wir warnen davor, den Hund zum überlaufenen Gegenstand zurückzureißen, denn »Vorwärts« heißt die Devise.

Es hat sich als hilfreich erwiesen, die Fährtenleine unter einem Vorderlauf durchzuführen, zunächst bei einer Rechtsfährte rechts, bei einer Linksfährte links. Später wird gewechselt. Diese Leinenführung ist auch wirksam gegen das Suchen mit »hoher Nase«. Steht der Hund schräg zum Gegenstand, wählen wir immer die längere Distanz um den Hund herum.

Viele Hunde neigen dazu, nach dem Verweisen eines Gegenstandes ohne Kommando loszustürmen, wenn sich der Hundeführer nach der Leine bückt. Das darf auf keinen Fall zur festen Gewohnheit werden. Wir nehmen den Gegenstand auf, heben den Arm zum Zeichen, daß er gefunden wurde, und stecken ihn dann in die Tasche. Wir bücken uns zur Leine, und es heißt energisch »Platz«, wenn sich der Hund vorzeitig erheben will. Wir müssen ihn lehren, erst mit dem Hörzeichen »Such« die Fährtenarbeit wieder aufzunehmen.

Allgemeine Tips und Korrektur von Fehlverhalten

Die richtige Geschwindigkeit

Bei der Vertiefung der Fährtenarbeit ist unbedingt auf ein gleichmäßiges Tempo zu achten. Wir dürfen den Hund nicht zu schnell werden lassen; gegebenenfalls muß die Geschwindigkeit so weit gedrosselt werden, daß er die Winkel sicher nehmen kann, ohne das Tempo wesentlich zu verändern. Überläuft der Hund häufig Gegenstände und überschießt er Winkel, so ist das als Signal für eine überhastete Suche anzusehen.

Der richtige Umgang mit der Leine

Wir müssen unserem Hund Gelegenheit zu selbständigem Arbeiten geben; keinesfalls darf der Winkel durch Festhalten oder Ziehen an der Leine signalisiert werden. Auf Übungsfährten arbeiten wir mit 4 bis 5 Metern der Suchleine und lassen das Ende hinterherschleifen. So haben wir den Hund besser unter

Tip:

Den Gegenständen sollte bis zur bestandenen Schutzhund-I-Prüfung eine intensive Witterung anhaften. Daher bewahrt man sie möglichst in Jacken- oder Hosentaschen auf. Der Hund hat so eine Beziehung dazu und nimmt sie aus diesem Grund leichter wahr.

Kontrolle. Er kann nicht zu weit von der Fährte abweichen, und wir haben, wenn nötig, an der kurzen Leine eher die Möglichkeit, zu korrigieren beziehungsweise dem Hund Hilfen zu geben. Auf der letzten Geraden können wir die Leine auf volle Länge

Unerläßliche Hilfsmittel bei der Gebrauchshundausbildung: die 10 Meter lange Suchleine, die lange und die kurze Führungsleine und das kurze Ausbildungsbändchen

auslaufen lassen. Hund und Führer gewöhnen sich so an die auf der Prüfung geforderte Entfernung voneinander. Es muß unbedingt vermieden werden, daß der Hund an den Winkeln kreist. Kommt er von der Fährte ab, heißt es »Pfui«, wir verkürzen gegebenenfalls den Leinenabstand und leiten den Hund wieder auf die Spur.

Wichtiger Hinweis:
Der Hund muß immer in Richtung Endpunkt in Bewegung bleiben,

Üben unter Prüfungsbedingungen
Nun ist der Hund fähig, eine komplette Schutzhund-I-Fährte zu bewältigen, und wir sollten wöchentlich mindestens zweimal zum Suchen gehen. Es empfiehlt sich, zu diesen Unternehmungen öfters einmal eine – oder auch mehrere – Begleitpersonen mitzunehmen, denn der Hund muß daran gewöhnt werden, auch unter Ablenkung konzentriert zu fährten. Bei der Prüfung geht der Leistungsrichter möglicherweise unmittelbar hinter dem Hundeführer her. Auch diese Situation sollten wir beim Üben berücksichtigen, damit sie sich nicht einmal als Unsicherheitsfaktor erweist.

Wir lassen jetzt bei jedem Ansatz die Leine voll auslaufen und beginnen erst zu gehen, wenn wir das Leinenende in der Hand haben. Würden wir uns bei der Prüfung anders verhalten, hätten wir mit Punktabzug zu rechnen. Auf die gleiche Weise ist vorzugehen, wenn der Hund den ersten Gegenstand passiert hat und jetzt von neuem ansetzt. Wir sollten es uns jedoch angewöhnen, den Leinenabstand nach dem Ansatz auf halbe Länge zu verkürzen. Damit ist gewährleistet, daß die Korrekturen schneller und direkter beim Hund ankommen.

Schutzhund-II- und Schutzhund-III-Fährten

Die Schutzhund-II-Prüfung (SchH-II-Prüfung) sollte als Zwischenstufe angesehen werden. In dieser Ausbildungsphase darf man den Hund keinesfalls überfordern. Wir sorgen vielmehr dafür, daß er das bisher Erlernte korrekt ausführt, und schaffen uns damit eine solide Grundlage für die Schutzhund-III-Prüfung.

Bei den Prüfungsstufen II und III haben wir es mit der sogenannten Fremdfährte zu tun. Das bedeutet keineswegs, daß wir nun unsere Übungsfährten nicht mehr selbst legen dürfen; ab und zu sollten wir das Fährtenlegen jedoch von einem erfahrenen Sportfreund besorgen lassen. Ein ganz neues Fährtengefühl wird aufkommen! Man kennt ja den Verlauf nicht und muß sich mehr denn je auf seinen Vierbeiner verlassen. Wichtig ist, daß der Fährtenleger beim Absuchen mitgeht. Natürlich muß er den Fährtenverlauf sowie die Lage der Gegenstände genau kennen. Nur so kann rechtzeitig eingegriffen werden, wenn der Hund Schwierigkeiten hat und etwa von der Fährte abkommt.

Die Schutzhund-II-Fährte hat wie die der vorigen Stufe eine U- oder Blitzform und ist bis zu 500 Schritte lang. Bei der Schutzhund-III-Fährte werden drei Gegenstände ausgelegt; sie hat bei einer Länge von etwa 800 Schritt vier Winkel.

Gehorsamsverweigerung – was tun?

Jeder Hundeführer muß sich darauf einstellen, daß ihm der Hund einmal den Gehorsam verweigert. Wir halten es für wichtig zu wissen, wie

Solange dem Hund das Fährten Spaß macht, erwartet er freudig, daß ihm das Suchgeschirr angelegt wird

es dazu kommen kann und welche Maßnahmen man ergreifen kann, damit die Fährtenarbeit wieder reibungslos vonstatten geht.

Beispiel:

Der Hund ist etwa ein Jahr alt und sucht eine normale Fährte gut ab. Eines Tages (das hat er noch nie gemacht!) überläuft er den ersten Gegenstand. Der Hundeführer bemerkt es zu spät und läßt ihn daraufhin richtigerweise weiterfährten. Bei der nächsten Fährte paßt er aber auf. Der Hund will wieder überlaufen, und er gibt rechtzeitig das Hörzeichen »Platz«. Der Hund scheint es sich in den Kopf gesetzt zu haben, den ersten Gegenstand zu ignorieren. Er muß wiederholt mit scharfem Kommando und Leinenruck zum Verweisen gezwungen werden. Das gefällt unserem Freund gar nicht. In der Folge fährtet er nicht mehr drangvoll, ja fast lustlos, und geht schließlich überhaupt nicht mehr los. Er macht einfach neben seinem Führer Platz, offenbar in der Hoffnung, damit sei der Fall Fährtenarbeit für ihn erledigt. Damit ist Herrchen nun aber nicht einverstanden. Er versucht es im Guten mit »Komm braver Hund, such schön«, aber es ist nichts zu machen. Der Hund widersetzt sich beharrlich; was soll man nun dagegen tun?

Zuckerbrot und Peitsche

Es ist folgendermaßen zu verfahren: Der Hundeführer bindet seinen Hund fest, sammelt seine Gegenstände wieder ein und legt eine neue Spur; bereits nach 10 Metern kommt der erste Gegenstand, nach weiteren 10 Metern auf der gleichen Geraden der zweite. Nach einigen Minuten Pause nimmt er seinen Hund mit zum Abgang, ohne ihn zu loben oder bei ihm »gut Wetter« zu machen, und gibt ihm das Hörzeichen »Such«, gegebenenfalls mit dem Finger auf den Ausgangspunkt zeigend. Aber der Hund macht Platz und keine Anstalten, die Fährte aufzunehmen. Jetzt wird das Gliederhalsband stramm eingehakt, damit es sich nicht über den Kopf zieht. Der Führer geht in gebückter Haltung vor seinem Hund her und zieht ihn mit kurzen, kräftigen Leinenrucken nach vorne. Immer wieder gibt er dabei Kommando und zeigt ab und an auf die Spur. Der Vierbeiner bewegt sich robbend vorwärts, es bleibt ihm nichts anderes übrig. Sind wir am Gegenstand angekommen, wird er gestreichelt, und es heißt »Schön Platz«. Dann geht es weiter. Er will immer noch nicht freiwillig fährten. Also wiederholen wir das Spiel. Am zweiten Gegenstand wird wieder gelobt, anschließend der Hund freigelassen.

Am nächsten Tag wird erneut eine Fährte auf diese Art gelegt. Wieder wird der Hund zu den Gegenständen gezwungen, da er noch immer keine Bereitschaft zeigt, selbständig zu fährten. Nach einem Lob am zweiten Gegenstand nimmt der Hundeführer seinen Hund mit sich, um ihn auf dem Suchgelände abzulegen. Er zeigt ihm ein Bällchen, das er langsam aus der Tasche zieht, und schon schlägt die Stimmung um. Der Hund möchte zu diesem Lieblingsspielzeug gelangen. Diese Situation nutzt nun der Hundeführer, gebietet nochmals »Platz«, tritt eine kurze Fährte und legt statt des üblichen Gegenstands den Ball ab,

Das Lieblingsspielzeug am Ende der Fährte hilft, den Hund wieder für die Fährtenarbeit zu interessieren

den der Hund jedoch nicht mit den Augen ausmachen darf. Der Ansatz erfolgt unmittelbar darauf, und siehe da, der Hund nimmt die Fährte auf und hat offenbar begriffen: Sich vom Führer lösen bringt ihn zu seinem Bällchen, und außerdem wird ihm kein Schmerz mehr zugefügt, er wird vielmehr noch gelobt. Wenn er beim Ball angekommen ist, nimmt er diesen in den Fang und macht gleichzeitig Platz. Das ist nicht tragisch, der Hundeführer lobt, nimmt den Ball aus dem Fang, wirft ihn fort, und der Hund darf ihn bringen.

Am nächsten Tag legt der Ausbilder eine etwa 30 Schritt lange Fährte mit dem Ball. Es klappt prima. Dann allerdings wird es wieder ernst. Die nächste Fährte wird in normaler Länge gelegt, der erste Gegenstand wie gehabt, der zweite ist das Bällchen. Der Hund nimmt Witterung, geht los, bleibt aber nach einigen Schritten stehen und sieht sich nach seinem Führer um, macht sogar Anstalten zurückzukommen. Jetzt erinnert ihn ein scharf und drohend ausgesprochenes »Such« daran, was ihm bei Befehlsverweigerung blühen kann, und er nimmt tatsächlich die Fährte wieder auf, begleitet von lobenden Worten des Hundeführers. Dieser hält vor dem ersten Gegenstand vorsichtshalber die Leine stramm, um helfen zu können. Der Hund legt sich aber von selbst und wird natürlich überschwenglich gelobt und gekrault. Auf das Kommando »Such« fährtet er gehorsam weiter, kommt am Schluß zu seinem Bällchen und belohnt sich damit selbst. Noch

Auch regelmäßige Spielpausen, in denen der Hund sich austoben kann, verhindern, daß er seine Motivation verliert

zwei bis drei Fährten verfahren wir so, dann wird der Ball durch einen der üblichen Gegenstände ersetzt. Der Hund sollte den Ball aber nach jedem Fährten als belohnendes Spielzeug bekommen.

Der Hund hat hierdurch gelernt, nicht nach Lust und Laune zu fährten, sondern immer dann, wenn wir es von ihm fordern. Er hat die Erfahrung gemacht, daß es unangenehme Folgen hat, wenn er mangelndes Interesse zeigt oder sich gar weigert, dem Befehl Folge zu leisten. Wir sind jetzt in der Ausbildung einen großen Schritt vorangekommen.

Eine Auflockerungsübung

Hier noch ein Tip, wenn der Hund nach dem Strafreiz zwar wieder sucht, jedoch nicht mehr mit Freude. Wir setzen voraus, daß er es nicht mehr wagt, sich dem Befehl zu widersetzen. Der Vorwärtsdrang bei dem Hörzeichen »Such« muß sich fest in ihm verankert haben. Wir müssen Zuckerbrot und Peitsche deutlich voneinander getrennt einsetzen.

Wofür tut unser Vierbeiner alles: für sein Bällchen, für ein Stöckchen oder für sein Futter? Was ihm das liebste ist, nehmen wir mit auf die Fährte. Wir legen eine Gerade und an ihr Ende, für den Hund vorher nicht sichtbar, beispielsweise den Ball. Wir warten etwa 10 Minuten und setzen dann den Hund an. Wenn er den Gegenstand findet, wird er ihn voller Freude und Überraschung aufnehmen. Er wird sehr gelobt, anschließend spielen und toben wir mit ihm. Gleichermaßen verfahren wir an den folgenden vier Tagen, lassen dem Hund ein paar Tage Ruhe und fährten dann wieder in gewohnter Weise.

In den meisten Fällen beseitigt diese Auflockerungsübung die Unlust, und wir haben einen Hund, der wieder freudig bei der Sache ist.

Das Wichtigste in Kürze

- Bei der heutigen Schutzhundausbildung steht der Freizeitaspekt im Vordergrund; der praktische Nutzen eines ausgebildeten Hundes spielt eine geringere Rolle.
- Bei der Fährtenarbeit ist es wichtig, den Hund immer wieder für die Spur zu interessieren.
- Der Schwierigkeitsgrad darf nicht stetig gesteigert werden, vielmehr verhindern gelegentliche leichte Fährten, daß der Hund überfordert wird und die Lust am Suchen verliert.
- Wenn der Hund nicht mehr fährten will, kann ihn die Kombination von Zwang und Aussicht auf Belohnung wieder motivieren.

Spielerische Gehorsamsübungen

»Hier«

Mit dieser Disziplin fangen wir schon im frühen Welpenalter an. Wir nutzen Spieltrieb und Anhänglichkeit geschickt aus, um dem Hund die ersten Kommandos völlig ohne Zwang beizubringen. Wichtig ist die Spieltriebförderung durch Toben, Balgen, Auf-den-Boden-Hocken, Weglaufen und Verstecken. Bei diesen Spielchen soll immer der Hund hinter seinem Führer herlaufen beziehungsweise ihn suchen. Niemals darf das Herrchen den Hund scheuchen oder ihn einzufangen versuchen! Man würde ihm damit das Weglaufen und nicht das Kommen beibringen, und im weiteren Verlauf der Ausbildung wäre Ungehorsam die Folge. Kommt er, wird er überschwenglich gelobt und gegebenenfalls mit Leckerchen belohnt.

»Sitz« für Anfänger

Nach dieser Vorübung heißt es zunächst in Verbindung mit dem Namen des Hundes ganz gezielt »Hier«. Wir halten nun einen Leckerbissen etwa 30 Zentimeter über den Kopf des Welpen und geben das Hörzeichen »Sitz«. Die meisten Hunde begreifen sehr schnell, was von ihnen verlangt wird, und setzen sich von allein. Wichtig ist, daß der Hund die Belohnung sofort erhält, wenn er sich gesetzt hat.

Nach ein paar Tagen schon wird sich der Welpe nach dem Rufen flott hinsetzen. Wir wiederholen die Übung erst, nachdem wir ihm Zeit gelassen haben, sich frei zu bewegen, herumzuschnüffeln und abzuschalten. Dann plötzlich erhält er das Hörzeichen »Hier« und so weiter. Dies kann man auch in der Wohnung üben. Wir empfehlen überhaupt, den Welpen mindestens einmal am Tag aus dem Zwinger hereinzuholen. Dann sollte man ein wenig mit ihm balgen und ihm Zuwendung geben, was die Beziehung zu ihm fördert. Hat unser

Korrektes Vorsitzen wird mit einem Leckerbissen aus dem Mund des Hundeführers geübt

Der heranstürmende Hund setzt sich unmittelbar vor den Hundeführer und hält Blickkontakt zu ihm – so sieht das Vorsitzen in Perfektion aus

Hund das Hörzeichen »Sitz« begriffen, gehen wir dazu über, ihn mit Wurststückchen aus dem Mund zu belohnen. Es wird nicht mehr lange dauern, bis er die Bröckchen geschickt auffängt. Wenn er soweit ist, haben wir unser Übungsziel erreicht. Wir fassen zusammen: Sobald der Hund das Kommando »Hier« vernimmt, kommt er herbei und setzt sich dicht vor uns nieder.

Training für die erste Prüfung

Beim nächsten Lernabschnitt entfernt sich der Hundeführer von seinem Hund, den eine Hilfsperson an einer einfachen, leichten Führleine festhält.

Durch Anrufen, Locken und Händeklatschen löst der Hundeführer beim Hund eine gewisse Erregung aus. Dieser zeigt durch Jaulen, Zerren an der Leine und Herumsprin-

gen an, daß der Zeitpunkt günstig ist, ihn zu rufen. Das Herrchen gibt laut das Hörzeichen »Hier«, und die Hilfsperson läßt den Hund samt Leine frei. Wie ein geölter Blitz wird er zu seinem Führer sausen, der möglichst mit dem Rücken in Zaunnähe steht, damit der Hund rechtzeitig abbremst und nicht vorbeirennt. Der Hund bekommt das Hörzeichen »Sitz« und danach seine Belohnung aus dem Mund. Damit erreichen wir, daß der Hund seinen Führer anschaut, er ist empfangsbereit für ein neues Hörzeichen, und das Ergebnis ist befriedigend. Wir müssen darauf achten, daß der Hund jetzt korrekt und so nah wie möglich vor uns sitzt. Gegebenenfalls korrigieren wir durch einen kurzen Rückwärtsschritt und nehmen die Hände zu Hilfe, indem wir uns als optisches Zeichen auf den Bauch klopfen, bis der Hund unmittelbar vor uns sitzt. Wichtig ist dabei, daß der Hund immer zum Führer kommt, nie darf dieser an den abseits sitzenden Hund herantreten.

Leinenführigkeit und Freifolge

Obwohl die Leinenführigkeit (das Bei-Fuß-Gehen) als Grundstufe der Gehorsamsübungen anzusehen ist, beginnen wir damit erst, wenn unser Hund das Alter von etwa 10 Monaten erreicht hat. Vorher ist er nicht in der Lage, den unvermeidlichen Druck durch wiederholten starken Leinenruck zu verkraften, ohne Schaden zu nehmen. Sehr wichtig ist ein guter Kontakt zwischen Führer und Hund. Nur wenn die beiden ein Gespann bilden, ist der Hund bereit, seinem Herrn freudig zu folgen.

Perfekt ist die Übung, wenn der Hund, ab und zu nach rechts oben schauend, mit der rechten Schulter eng am linken Knie des Hundefüh-

Perfekte Leinenführigkeit ist nur zu erreichen, wenn zwischen Mensch und Hund ein ungetrübtes Vertrauensverhältnis besteht

rers läuft und bei den verschiedenen Gangarten und Wendungen dort verbleibt. Er muß sich ohne Kommando setzen, sobald der Hundeführer stehenbleibt.

Tip:

Anfangs können wir auch ab und an mit der linken Hand auf den linken Oberschenkel klopfen, der Hund wird auf diese Weise aufgemuntert und zum bereitwilligen Mitlaufen angeregt. Es ist wichtig, daß wir loben und mit ihm sprechen, wenn er sich wie gewünscht verhält.

Methode 1

Es ist sehr zweckmäßig, eine leichte Leine von höchstens einem Meter Länge zu benutzen. Der Hund sitzt in Grundstellung neben uns. Wir nehmen die Leine in die rechte Hand, damit wir mit der linken Hand das Loben unterstützen können, geben das Hörzeichen »Fuß« sowie einen kurzen Leinenruck und marschieren los. Für die normale Gangart wählen wir recht kurze und schnelle Schritte; die Leine soll dabei leicht durchhängen. Jedes Abweichen des Hundes korrigieren wir mit einem erneuten »Fuß« und Leinenruck. Geht er korrekt, loben wir ihn gelegentlich und kraulen ihn mit der linken Hand rechts am Hals. Er wird das Bestreben haben, dies auszukosten, und hält dabei automatisch den Kopf wie gewünscht.

In den ersten Übungsstunden suchen wir uns lange Geraden und machen jeweils an deren Ende eine Rechtskehrtwendung, die aber sehr zügig vonstatten gehen muß, damit sich der Hund auch sofort daran gewöhnt, nicht langsamer zu werden, sondern die eingeschlagene Gangart beizubehalten.

Klare Anweisungen – sowohl »Platz« wie auch »Fuß« – sind unbedingt zu befolgen, auch wenn der Reiz der Zuwiderhandlung noch so groß ist

Wenn nun die Übung im normalen Schritt mit der Rechtskehrtwendung richtig sitzt, verändern wir die Gangart, das heißt, wir gehen aus dem Normalschritt zwischendurch einmal in den langsamen Schritt oder in den Laufschritt über. Beim Wechseln der Gangart ist das Hörzeichen »Fuß« zu geben.

Bei der Linkskehrtwendung drehen wir uns um 180 Grad gegen den Hund und nehmen dabei die Leine in die linke Hand, bis wir uns wieder in Gegenrichtung befinden. Diese Übung sollte man sich von einem erfahrenen Sportkameraden zeigen lassen, denn sie sieht anfangs schwierig aus, ist aber ganz einfach, wenn man erst einmal weiß, wie es geht. Auf jeden Fall muß die Sache rasch erfolgen. Nach der Drehung gehen wir noch ein bis zwei Schritte weiter geradeaus und lassen den Hund erst dann absitzen. So kann er sich korrekt neben uns setzen.

Die Linkskehrtwendung sieht anfangs schwieriger aus, als sie ist!

Methode 2

Haben wir einen sehr bringfreudigen Hund, können wir die Leinenführigkeit auch auf folgende Weise einüben: Wir haben die Leine in der linken Hand und führen in der rechten ein Stöckchen mit. Der angewinkelte Arm bewegt sich bei jedem Schritt, das Stöckchen wird für den Hund sichtbar gehalten. Wir korrigieren eventuelles Fehlverhalten mit der Leine und dem Hörzeichen »Fuß«, wie beschrieben. Das Holz erzeugt Spannung – der Hund wird nach rechts oben schauen und erwartungsvoll mittraben. Wir vergessen das Loben nicht, wenn er seine Sache gut macht.

Wenn wir nach einigen Übungsstunden ein Nachlassen der Spannung beobachten, werfen wir das Holz nach rechts weg. Dann lassen wir die Leine los, und der Hund darf das Holz zurückholen. Ist er wieder bei uns, greifen wir die Leine auf, nehmen ihm das Bringsel aus dem Fang und setzen mit dem Hörzeichen »Fuß« und dem Holz in der rechten Hand die Übung fort.

Erst wenn der Hund die Arbeit mit der Leine fehlerfrei beherrscht, kann man die Freifolge mit ihm üben

Später werfen wir das Holz auch einmal nach links oder geradeaus. Damit soll erreicht werden, daß der Hund uns beobachtet, aber er darf es sich nicht angewöhnen, schräg zu laufen.

Der Hund soll bei dieser Ausbildungsmethode immer Bereitwilligkeit zeigen und nicht ermüden. Daher dürfen wir die Leinenführigkeitsübung anfangs nicht zu sehr ausdehnen. Der Hundeführer muß erkennen, wann sein Hund Motivation braucht, und sollte die Übung in diesem Fall durch zwangloses Bringen unterbrechen. Er muß den Spannungsverlust schon gleich im Anfangsstadium bemerken und dem Hund dann sofort ein kleines Spiel anbieten.

Wichtiger Hinweis:

Ganz wichtig ist es, sich entweder für die eine oder für die andere Methode zu entscheiden. Wenn mit Stöckchen gearbeitet wird, darf es während der gesamten Ausbildungszeit nie fehlen. Auch wenn die Übung perfekt sitzt, sollte man es noch ab und zu als Stimmungsmacher aus der Tasche ziehen.

Die Freifolge – Bei-Fuß-Gehen ohne Leine

Wenn der Hund die Leinenführigkeit perfekt beherrscht, gehen wir schließlich dazu über, den kompletten Übungsablauf ohne Leine zu erarbeiten. Auch hier kann das Stöckchen benutzt werden. Ganz wichtig: Die korrekte Arbeit mit der Leine ist die Voraussetzung für die Freifolge.

»Sitz« für Fortgeschrittene

Was »Sitz« bedeutet, haben wir unserem Hund ja schon im frühen Welpenalter beigebracht.

Das nächste Ausbildungsziel heißt **Sitz aus der Bewegung**, das heißt, der Hund soll sich nach mindestens 10 Schritten bei Fuß nach dem Hörzeichen »Sitz« hinsetzen und in dieser Stellung verharren, während der Hundeführer etwa 30 Schritte weitergeht und den Hund dann wieder abholt, indem er in Grundstellung neben ihn tritt.

Grundübungen

Wir beginnen mit der Einübung, indem wir den Hund nach dem Hereinrufen vor uns absitzen lassen. Wie gewohnt, bekommt er sein Leckerchen, während wir die Leine in die Hand nehmen. Wir wiederholen jetzt mehrmals das Hörzeichen »Sitz«, streichen dem Hund dabei auch einmal über den Kopf. Keinesfalls dürfen wir im harten Befehlston mit ihm sprechen. Jetzt bewegen wir uns rückwärtsgehend einige Schritte vom Hund weg und kehren gleich, ohne zu verharren, wieder zu ihm zurück. Bleibt er sitzen, vergessen wir nicht das Loben und wiederholen die Übung zwei- bis dreimal. Zum Lohn befreien wir ihn zunächst einmal durch das Hörzeichen »Lauf« aus seiner Zwangslage. Auf keinen Fall darf er sich von allein erheben! Wir lassen die Leine los (sie verbleibt jedoch am Hund), toben kurz mit ihm und rufen ihn dann wieder mit »Hier« zurück; anschließend muß er belohnt werden. Diese Übung wird mehrmals wiederholt. Nach einigen Tagen wäre damit der erste Lernabschnitt »Sitz« geschafft. Der Hund sitzt, wenn wir uns entfernen, bis wir wieder vor ihm stehen.

Vertiefung

Nun soll wieder eine Schwierigkeit eingebaut werden. Nachdem wir die Vorübung noch einmal aufge-

Tip:

Es könnte passieren, daß der Hund sich beim Erlernen der Sitzübung hinlegen will. Jetzt heißt es, ihn ruhig, aber bestimmt mit dem Hörzeichen »Sitz« in die richtige Stellung zu bringen. Wir loben sofort, wenn er wieder sitzt, damit er begreift, daß dies die gewünschte Position ist.

Ziel der Übung »Sitz aus der Bewegung« ist es, daß sich der Hund sofort, wenn der Hundeführer stehen bleibt, ohne ein weiteres Kommando unmittelbar neben ihn setzt

frischt haben, gehen wir mit der Leine in der Hand, die wir etwas höher als sonst halten, um den Hund herum. Meistens wird unser Freund unruhig, wenn wir direkt hinter ihm sind. Er wird den Kopf drehen und vielleicht sogar versuchen aufzustehen. In diesem Fall bringen wir ihn unter Hörzeichen und gegebenenfalls mit sanfter Gewalt wieder in die Sitzstellung und gehen noch einige Male um ihn herum, bis er begriffen hat, daß

er in dieser Position verharren soll. Wir stehen bei Beendigung dieser Übung wieder in gewohnter Stellung vor dem Hund und entlassen ihn mit »Lauf«.
Die dritte Phase hat zum Ziel, bei Abschluß der Übung in der Grundstellung neben dem Hund zu stehen. Hier heißt es aufpassen, daß er sich nicht in eine andere Position zu bringen versucht, während wir neben ihm Aufstellung nehmen. Wir haben die Leine in der rechten Hand und holen den Hund gegebenenfalls mit dem Wort »Gerade« an uns heran. Wenn nötig, wenden wir uns ihm zu und stoßen mit der linken Hand leicht in die linke Flanke unseres Tieres. Später können wir schräges Sitzen mit der Körperhilfe allein korrigieren. Jetzt bleiben wir eine Weile mit dem Hund, der bei Fuß sitzt, ruhig stehen. Danach wiederholen wir noch einmal das Herumgehen, und erst, wenn er korrekt neben uns gesessen hat, darf er auf das Hörzeichen »Lauf« hin toben.

Perfektion

Jetzt können wir an die Vollendung der Übung »Sitz aus der Bewegung« herangehen. Wir nehmen zunächst die Grundstellung ein (der Hundeführer steht mit bei Fuß sitzendem Hund), geben das Kommando »Fuß« und gehen einige Schritte geradeaus. Dann halten wir an und bringen den Hund mit dem Hörzeichen »Sitz« so schnell wie möglich in die Sitzstellung. Daraufhin drehen wir uns zum Hund, entfernen uns rückwärtsgehend einige Schritte, bleiben stehen und verharren einen Moment. Schließlich loben wir mit den Worten »So ist brav, schön sitz«, gehen wieder zum Hund, um ihn herum und nehmen die Grundstellung ein.

Es kommt jetzt darauf an, daß sich der Hund im Laufe der Ausbildung immer schneller hinsetzt. Nach einigen Übungsstunden sollte der Hundeführer nur noch einen kurzen Wechselschritt als Hilfe benötigen und sich auch bereits einige Meter in der eingeschlagenen Richtung weiterbewegen. Erst wenn unser Hund sicher absitzt und kein Fehlverhalten mehr zu befürchten ist, gehen wir normal geradeaus.

»Platz«

Auch dies ist eine Übung, bei der sich der Hund unterwerfen muß. Deshalb kommen wir hier um einen gewissen Zwang nicht herum.

Die Prüfungsordnung schreibt vor, daß der Hund während der Vorführung eines anderen Teilnehmers am Rande des Übungsplatzes abliegt. Wir üben dafür zunächst das »Platz« mit Liegenbleiben und späterem Abholen.

Hinlegen und Liegenbleiben, ...

Der Hund steht unbefangen neben uns. Zunächst einmal lassen wir ihn nicht absitzen, damit nicht eine

Anfangs muß der Mensch noch ein wenig nachhelfen, bis der Hund gelernt hat, daß er auf »Platz« liegenbleiben muß

Tip:

Wenn wir unserem Hund etwas beibringen wollen, ist ein ruhiger Ort wichtig, an dem er anfangs nicht abgelenkt ist. Natürlich muß er im fortgeschrittenen Stadium alle Übungen auch unter Ablenkung ausführen. Beim Abliegen darf er sich später durch die Arbeit eines anderen Hundes nicht beeinflussen lassen.

Fehlverknüpfung entsteht, von »Sitz« selbständig auf »Platz« zu gehen. Wir geben den Befehl »Platz«, ziehen mit einem Ruck an der Leine den Kopf des Hundes senkrecht nach unten (keinesfalls nach vorn) und gleichzeitig mit der anderen Hand die Vorderpfoten nach vorn. Der Hund wird sich aufbäumen; hier müssen wir Kraft anwenden und Konsequenz walten lassen. Bald wird er bemerken, daß seine Zappelei nichts nützt, sich in sein Schicksal ergeben und liegen bleiben. Sobald das erreicht ist, streicheln, loben und beruhigen wir ihn. Er muß begreifen, daß das Befolgen des Kommandos angenehm ist und daß ihm nichts passiert. Wir verweilen in gebückter Stellung beim Hund, bis er sich vollkommen beruhigt hat, und erheben uns dann langsam. Unter dem mehrfach wiederholten Hörzeichen »Platz« sprechen wir lobend und beruhigend auf unseren Freund ein. Er muß eine Zeitlang liegenbleiben, ohne seine Position zu verändern, das heißt, jetzt darf er weder schnüffeln noch robben, geschweige denn aufstehen. Fehlverhalten wird sofort mit einem Leinenruck nach unten und einem scharfen Befehl »Platz« geahndet. Bleibt er liegen, wird er beruhigt, jedoch keinesfalls gelobt, damit er sich nicht bestätigt fühlt.

Wichtiger Hinweis:

Dieses Liegenbleiben muß von Anfang an mit aller Entschiedenheit und Strenge eingeübt werden! Wir müssen dem Hund begreiflich machen, daß jede selbständige Veränderung seiner Position bestraft wird. Daher dürfen wir ihn keine Sekunde aus den Augen lassen, um sofort eingreifen zu können.

Hat der Hund dann das Kommando »Platz« begriffen, legt er sich also selbständig nach dem Hörzeichen hin, können wir uns an einer langen Leine langsam einige Schritte entfernen. Wir bleiben eine Weile stehen, gehen zum Hund zurück und nehmen wieder neben ihm Aufstellung. Nach kurzem Verharren geben wir das Hörzeichen »Sitz« und helfen ihm mit einem leichten Ruck an der Leine nach oben. Die Grundstellung wird einen Moment beibehalten und dann der Hund aus der Übung entlassen.

... auch wenn Herrchen weggeht

Ohne Schwierigkeiten können wir dann zum »Platz mit Hereinrufen« übergehen. Von der Grundstellung aus geht der Hundeführer mit seinem Hund, den er an dem sogenannten kurzen Bändchen (eine etwa 25 cm lange Schnur mit einem Knoten am Ende, die am Halsband befestigt wird, dort ver-

Lernen strengt an! Nach einem Päuschen geht es wieder viel besser

bleibt und nur für Prüfungen entfernt wird) hält, mindestens zehn Schritte geradeaus und befiehlt dann kurz und trocken in mittlerer Lautstärke »Platz«. Klappt es nicht, muß mittels Leinenruck nachgeholfen werden. Wichtig ist, daß sich der Hund schnell hinlegt, auch auf korrektes Liegenbleiben muß geachtet werden. Dann entfernen wir uns 10 bis 20 Schritte, gehen danach mit den Worten »Schön Platz« wieder zum Hund und entfernen uns erneut etwa 20 Schritte. Anschließend wenden wir uns dem Tier zu und verharren eine Weile. Schließlich ertönt das ihm bereits bekannte »Hier«, das wir beim ersten Mal noch mit Händeklatschen unterstützen, damit der Hund schnell und freudig zu uns kommt. Wir müssen auf sauberes Vorsitzen achten und den Hund mit Leckerchen aus dem Mund belohnen. Wir geben das Hörzeichen »Fuß« und bringen den Hund unter Hilfegebung in die Grundstellung. Mit dem Kommando erfolgt richtungsweisend ein kleiner Ruck der rechten Hand am Bändchen, dann nehmen wir den hinter uns herumgehenden Hund auf unserer linken Seite in Empfang, lassen ihn neben uns absitzen, und loben ihn über die Maßen. In den folgenden Übungsstunden entfernen wir uns bereits mindestens die vorgeschriebenen 30 Schritte. Die Belohnung mit Futterbrocken schränken wir erheblich ein; nur ab und zu gibt es noch etwas, um die Erwartungshaltung und damit den guten optischen Eindruck zu erhalten. Das schnelle Bei-Fuß-Kommen können wir dadurch fördern, daß wir den Hund erst dann mit einem Leckerbissen belohnen, wenn er neben uns abgesessen hat.

Der Hund darf nicht regelmäßig belohnt werden – damit erhalten wir die Spannung. Wir können auch, nachdem er das Gewünschte ausgeführt hat, zur Aufmunterung ein Stöckchen werfen.

Mit gespannter Aufmerksamkeit erwartet der Hund das nächste Kommando

Wichtiger Hinweis:

Wenn der Hund herankommt, darf er weder beim Training noch außerhalb des Übungsplatzes für zeitlich zurückliegendes Fehlverhalten oder Zögern bestraft werden! Wenn man diesen Ausbildungsgrundsatz nicht beachtet, führt das beim Hund zu der Verknüpfung, zum Hundeführer zu kommen sei unangenehm! Bei solchen Hunden erreicht man nur noch mit sehr viel Mühe, wenn überhaupt, daß sie bereitwillig auf Zuruf kommen.

Noch ein Tip, was das Hereinrufen betrifft: Bleibt der Hund zuverlässig liegen, sollte die Entfernung zwischen ihm und seinem Führer möglichst groß sein. Je länger die Strecke ist, die der Hund zurücklegen muß, um so besser kommt er »auf Touren« und somit desto schneller zum Führer.

Apportieren

Apportieren (Bringen) ist ein schwieriges Kapitel, bei dem man mit Unkenntnis vieles verderben kann. Der Hund wird leicht verprellt und zeigt dann sein Leben lang Unlust bei dieser Übung. Wir sollten seinen angeborenen Beutetrieb ausnutzen, um zu vermeiden, daß wir später einmal erheblichen Zwang auf unseren Hund ausüben müssen. Daher kann der Zeitpunkt gar nicht früh genug gewählt werden, ab dem man mit dem Hund das Beutespiel betreibt und ihn möglichst oft dazu anregt.

Spielerisches Training mit dem Welpen

EinTennisball leistet zu Anfang gute Dienste, weil er durch das Rollen einige Zeit in Bewegung ist und dadurch eine höhere Reizwirkung auf unseren Welpen hat als etwa ein Stock. Dieses Spielchen läßt sich zunächst gut zu zweit mit dem Hund spielen. Man geht einige Meter vom Hund entfernt in die Hocke (der Boden sollte einigermaßen eben sein), macht den Hund auf das Bällchen aufmerksam und rollt es ihm zu. Ergreift er es, loben wir ihn und locken ihn zu uns. Wenn die Entfernung nicht zu groß ist, wird er automatisch immer in der Nähe eines »Mitspielers« sein. Der Hund wird gekrault, bekommt sanft den Ball abgenommen und wird sofort wieder in Bewegung gesetzt. Für diese Vorübung sollten wir uns 2 bis 3 Wochen lang jeden Tag etwas Zeit nehmen.

Das Bringsel festhalten

Ist unser kleiner Vierbeiner etwa 15 Wochen alt, wird es ernst! Er dürfte mittlerweile an Halsband und Leine gewöhnt sein und wird nun an eine leichte, etwa 3 Meter lange Führleine genommen. Wir zeigen dem Welpen einen für dieses Spiel geeigneten Stock, bewegen diesen ruckartig hin und her, ziehen ihn über den Boden und erregen so sein Interesse dafür. Unser Hund kennt ja das Beutespiel und wird sehr bald nach dem Stöckchen schnappen. Wir loben ihn, halten den Stock fest und ermuntern den Hund durch vorsichtiges Zerren, die Beute möglichst eine Weile festzuhalten. Läßt er den Stock los, wiederholen wir das Spiel einige Male. Als nächstes lassen wir das Bringsel

Apportieren ist für den Hund ein Spiel, das ihm Freude machen soll. Deshalb darf er durch das Üben nie das Gefühl von Zwang oder Überdruß bekommen

nach kurzem Ziehen los. Trägt er es, wird er nun überschwenglich gelobt. Wir haben unseren Freund ja an der Leine und können ihn, falls er nicht von selbst kommt, sanft zu uns herziehen. Wir loben und kraulen ihn und nehmen den Stock vorsichtig aus dem Fang. Wir müssen ihn sofort wieder werfen, das ist ganz wichtig, aber nur 1 bis 2 Meter, da das Blickfeld eines Welpen noch sehr begrenzt ist. Der Wurf wird jedesmal von einem anspornenden »Bring« begleitet.

Wir wiederholen das Spiel nur, wenn der Hund uns seine Bereitschaft dazu anzeigt. Sonst könnte es passieren, daß er das Holz fallen läßt; aber so weit sollte es nicht kommen. Unser Ziel ist es, daß der Welpe den Gegenstand möglichst lange im Fang behält. Um das zu erreichen und noch zu unterstützen, greifen wir nach dem Stock, ohne ihn aus dem Fang zu nehmen, lassen wieder los, gehen rückwärts und locken den Hund zu uns.

Wenn der Hund gelernt hat, mit dem Bringsel zu uns zu kommen, können wir folgende Übung einbauen: Zunächst nehmen wir ihm das Bringsel ab. Dabei versuchen wir geschickt die Spannung zu halten. Sollte er jedoch den Stock fallen lassen, heben wir ihn auf.

Jedesmal halten wir das Holz hoch und geben dem Hund das Hörzeichen »Sitz«. Die Ausführung dieses Kommandos haben wir bereits parallel zum Apportieren geübt. Der Hund darf uns jetzt den Stock aus der Hand nehmen und damit spielen. Auf keinen Fall sollte man hinter dem Welpen herlaufen, wenn er das Bringsel im Fang hat, ansonsten ist es dem Geschick des Hundeführers überlassen, seinen Vierbeiner so zu motivieren, daß er das Gewünschte ausführt und das bisher Erlernte festigt.

Vorsitzen mit dem Apportierholz

Jetzt empfiehlt es sich, ein Apportierholz zu besorgen und dieses statt des Stockes zu verwenden. Es ist unbedingt von Anfang an darauf zu achten, daß der Hund dieses rund 650 g schwere Bringsel in der Mitte faßt. Haben wir fleißig geübt und ist unser Vierbeiner etwa 5 Monate alt, erwarten wir folgende Verknüpfung: Er bringt uns das Holz, damit wir es wieder wegwerfen.

Jetzt kommt eine schwierige Phase: Der Hund soll sich mit dem Bringsel vorsetzen. Er steht erwartungsvoll vor uns, und wir befehlen ihm das bereits gelernte »Sitz«. Durch diese unangenehme Einwirkung wird er dazu neigen, das Holz fallen zu lassen. Das sollte man rechtzeitig einkalkulieren und entsprechend vorbeugen.

Wir fassen mit der linken Hand unter den Fang und drücken gegebenenfalls die Kruppe (den zwischen Kreuz und Rute liegenden Teil) leicht herunter, falls er sich nicht von selbst hinsetzt. Die linke Hand bleibt unter dem Fang und verhindert das »Ausspucken«, die Rechte streichelt über den Kopf, und der Hund wird sehr gelobt. Hat er das Holz zwischen den Zähnen behalten, entlassen wir ihn mit »Lauf« und er darf sich frei bewegen. Wir gehen einige Schritte rückwärts und ermuntern ihn mit »Bring« wieder zum Kommen.

Bis der Hund zuverlässig bringt und vorsitzt, braucht der Mensch viel Geduld und Einfühlungsvermögen

Tip:
Wenn wir einen Leistungsstillstand überwinden wollen, erzeugen wir bei dem Hund eine gewisse Enttäuschung darüber, daß er sein Spielzeug nicht wiederbekommt. Das wird ihn anspornen.

Die Motivation erhalten

Jetzt könnte es passieren, daß unser Freund die Sache leid ist und das Holz einfach ablegt. Er gibt zu erkennen, daß ein wiederholtes Beutespiel zwecklos wäre, und uns bleibt nichts anderes übrig, als das Holz selbst aufzunehmen und es unserem Hund zu zeigen. Wahrscheinlich wird es für ihn dadurch wieder interessant, so daß er erneut Bereitschaft zeigt, das Spiel fortzusetzen. Es wäre aber grundverkehrt, darauf einzugehen, da wir damit rechnen müssen, daß er uns das Bringsel ein weiteres Mal vor die Füße wirft. Um dies zu vermeiden, zeigen wir ihm das Holz noch einige Male und stecken es dann auffällig in die Tasche. An diesem Tag wird die Übung nicht wiederholt.

Haben wir es so weit geschafft, daß unser Hund uns das Apportierholz zuverlässig bringt und vorsitzt, nehmen wir es mit dem Hörzeichen »Aus« aus seinem Fang und werfen es sofort wieder mit »Bring« von uns. Dies wiederholen wir nun etliche Male.

Der ältere Hund übt mit Apportierhölzern, die er unbedingt in der Mitte fassen muß

Wir müssen uns vor Augen halten, daß Apportieren für den Hund ein Spiel ist. Damit er es nie leid wird, darf er dabei nicht ermüden oder einen Zwang empfinden. Wir müssen ein Gefühl dafür entwickeln, wann unser Hund bereit ist, dieses Spiel voller Spannung und Konzentration mit uns zu spielen. Wir legen daher Pausen ein, lassen uns irgendwo nieder, bieten dem Hund keinerlei Ersatzspiele an und lassen ihn sich ausruhen – um so bereitwilliger wird er danach wieder bei der Sache sein.

Wichtiger Hinweis:

Immer wieder muß daran gedacht werden, daß für das Apportieren viel Geduld und Einfühlungsvermögen aufzubringen ist und daß bei dieser Übung nicht unbedingt gleichbleibende Fortschritte zu verzeichnen sind. Es wird zwischendurch immer wieder einmal zu Fehlleistungen kommen! Auf keinen Fall darf man den Mut sinken lassen; eventuell muß man auf eine Grundübung zurückgreifen.

Das Kommando »Bring« abwarten

Führt unser Hund die Bringübung wie beschrieben ordentlich aus, ist er so reif, daß wir ihn zu Beginn neben uns sitzen lassen können. Die Führleine benutzen wir jetzt gar nicht mehr. Wir befestigen eine etwa 25 cm lange Schnur am Halsband, die immer dort verbleibt, bei Prüfungen allerdings zu entfernen ist. Wir halten dieses Bändchen an der Hand, während wir das Holz werfen. So können wir den Hund, der mit Sicherheit aufgestanden ist, wieder in die Sitzstellung bringen und verhindern, daß er dem Holz nachspringt. Dies ist zunächst für den Hund unverständlich, durfte er doch bisher immer sofort starten. Wir müssen ihm behutsam beibringen, daß er sitzen zu bleiben hat und sich erst auf das Hörzeichen »Bring« von uns lösen darf. Wir sollten mit dem Kommando aber nicht zu lange warten, damit der Beutetrieb nicht unterdrückt wird. Wenn unser Hund das 3 bis 5 Meter weit fortgeworfene Apportierholz schnell aufnimmt, uns zügig bringt und nach dem Vorsitzen abgibt, haben wir zunächst unser Ziel erreicht. Sollte er die Übung nicht korrekt ausführen – vielleicht kommt er nicht geradewegs, sondern im Bogen zu uns zurück oder er sitzt nicht nah genug –, dann müssen wir noch einige Zeit mit einer etwa 5 Meter langen, leichten Leine arbeiten.

Abgewöhnen des Knautschens

Nun gilt es noch, eine Unart abzustellen, die der Hund bei dieser Ausbildung ohne Zwang mit Sicherheit an den Tag legen wird – das Knautschen. Das bedeutet, er hält das Bringsel nicht ruhig im Fang. Wir haben eine Methode herausgearbeitet, ihm das abzugewöhnen; er sollte dazu allerdings mindestens 8 Monate alt sein. Wir streicheln mit der linken Hand den Kopf, die rechte Hand klopft den knautschenden Kiefer, und mit den Worten »Na, festhalten« unterstützen wir das leicht strafende Vorgehen. Hält der Hund das Holz ruhig, wird er mit der rechten Hand unter lobenden Worten gestreichelt. Wenn wir es erreicht haben, daß der Hund das Knautschen beim Vorsitzen unterläßt, dann müssen wir es ihm auch abgewöhnen, wenn er auf dem Weg zu uns ist. Hier hilft wieder das Hörzeichen »Na, festhalten«, später nur ein »Na«. Sowie der Hund das Bringsel ruhig hält, loben wir ihn in der gewohnten Weise.

Eine weitere Hilfe, dem Hund das Knautschen zu verleiden, ist das Präparieren des Bringholzes. Wenn man das Gleichgewicht des Holzes stört, indem beispielsweise seitlich eine Eisenstange anbringt, wird das den Hund zum festeren Zufassen und Halten veranlassen.

Wenn das Apportierholz einseitig beschwert wird, muß der Hund fester zupacken – und läßt das Knautschen!

Der krönende Abschluß

In der letzten Phase der Apportierübung gibt der Hund auf »Aus« das Holz ab und setzt sich auf das

Hat der Hund das Apportierholz an den Hundeführer abgegeben, soll er diesen umrunden und sich in Grundstellung neben ihn setzen

darauffolgende »Fuß« in Grundstellung neben seinen Führer.

Gehen wir Schritt für Schritt vor. Der Hund sitzt mit dem Holz vor uns. Wir nehmen es mit beiden Händen und dem Hörzeichen »Aus« aus dem Fang und halten es in der linken Hand. Darauf geben wir das Kommando »Fuß«, indem wir mit der rechten Hand die Leine ergreifen, übernehmen das Holz dazu und führen dann den Hund mit Leine und Apportierholz in der Hand hinter uns herum. Dabei erfolgt wiederum ein Wechsel von Leine und Holz in die linke Hand. Wir lassen den Hund mit dem Hörzeichen »Sitz« neben uns absitzen und nehmen als Abschluß der Übung das Apportierholz in die rechte Hand. Die Ausführung dieser Schlußübung erscheint schwieriger, als sie ist. Wir bezwecken damit, daß der Hund das Holz nach dem Auslassen im Auge behält und dadurch angeregt wird, schnell um uns herumzukommen.

Wenn die Abschlußübung prüfungsgerecht ist, darf sich der vorsitzende Hund erst auf das Hörzeichen »Fuß« ergeben. Er soll den Führer zügig umrunden und sich in Grundstellung neben ihn setzen.

Springen

Die meisten Hunde springen gern, daher ist das Einüben dieser Disziplin fast immer ohne Schwierigkeiten zu bewältigen. Es ist eine für den Hund lustbetonte Übung, vorausgesetzt, wir verstehen es, seine Bereitschaft zum Springen zu fördern. Laut Prüfungsordnung muß bei der Schutzhund-I-Prüfung eine 1 Meter hohe Hürde und bei der Schutzhund-II- und Schutzhund-III-Prüfung außerdem noch eine 1,80 Meter hohe Schrägwand im Hin- und Rücksprung überwunden werden, wobei der Hund entweder einen dem Führer gehörenden Gegenstand oder ein Apportierholz zu bringen hat.

Wir üben das Springen erst, wenn der Hund mindestens 10 Monate alt ist; vorher kann er die Beanspruchung körperlich nicht verkraften, und Schädigungen sind nicht auszuschließen. Auch ist es sinnlos, den Hürdensprung einzuüben, solange unser Vierbeiner das Apportieren noch nicht beherrscht.

Sobald der Hund gern springt, binden wir das Bringen mit in diese Übung ein.

Springen über die Hürde

Die Einmeterhürde besteht aus einzelnen abnehmbaren Elementen. Wir überspringen zusammen mit dem Hund unter dem Hörzeichen »Hopp« zunächst eine Höhe von höchstens 50 cm.

Ganz wichtig: auf jede Sprungübung muß immer sofort der Rücksprung folgen!

Nach kurzer Zeit springt der angeleinte Hund allein, wenn wir neben der Hürde mitlaufen. Sie wird bald auf ihre normale Höhe gebracht, indem die herausgenommenen Elemente nach und nach wieder eingesetzt werden.

Als nächstes lassen wir den Hund etwa 2 Meter vor der Hürde absitzen. Damit ihm das Springen Freude macht, üben wir einige Male mit einem Stöckchen. Wir stellen uns neben die Hürde, halten den Stock

Erst wenn der Hund das Apportieren beherrscht, hat es Sinn, den Hürdensprung mit ihm einzuüben

ziemlich hoch, befehlen dem sitzenden Hund »Hopp« und fordern ihn in gleicher Weise sofort zum Rücksprung auf. Danach werfen wir das Stöckchen zwanglos fort und lassen es uns wiederbringen. Wir achten darauf, daß unser Hund die Hürde im Freisprung (also ohne aufzusetzen) nimmt, was aufgrund der Motivation keine Schwierigkeiten bereiten wird. Hat der Hund diese Übungsabschnitte erfolgreich durchlaufen, können wir das Bringen über die Hürde üben, wie es in der Prüfung verlangt wird.

Bringen über die Hürde

Der an einer etwas längeren Führleine angeleinte Hund sitzt etwa 2 Meter vor der Hürde in Grundstellung neben uns. Wir benutzen das Apportierholz, das ihm vom Apportieren auf ebener Erde vertraut ist, und werfen es über die Hürde. Frühzeitiges Aufstehen wird mit Leinenruck bestraft, und es erfolgt erneut das Hörzeichen »Sitz«. Erst auf das Kommando »Hopp« darf sich der Hund in Bewegung setzen. Wir laufen mit, befehlen »Bring«, lassen ihn an der Leine mit dem Holz den Rücksprung ausführen und laufen dann einige Schritte rückwärts, damit der Hund vor uns absitzen kann. Nachdem wir ihm das Apportierholz wieder abgenommen haben, wird er mit dem Hörzeichen »Fuß« in die Grundstellung gerufen.
Ein einfühlsamer Ausbilder merkt am Verhalten seines Hundes, wann er ihn ohne Leinenhilfe zum Appor-

Auf jede Sprungübung muß sofort der Rücksprung erfolgen

Mit einem gespannten Seil kann man den Hund veranlassen, höher zu springen

tieren über die Hürde schicken kann. Das Kommando heißt »Hopp, Bring« und noch einmal »Hopp«, sobald der Hund das Holz aufgenommen hat.

Wichtiger Hinweis:
Man kann häufig beobachten, daß Hundeführer ihre Vierbeiner sehr oft hintereinander springen lassen, weil sie immer eine Kleinigkeit auszusetzen haben. Wir sollten versuchen, zu Übungszwecken mit einem Hin- und Rücksprung auszukommen und ihn höchstens im Ausnahmefall einmal zu wiederholen.

Fehlerkorrektur
Sollte der Hund versuchen, die Hürde zu umlaufen, muß er unbedingt abgefangen und nochmals durch Mitlaufen zum Sprung animiert werden.

Sitzt der Hund schräg vor, korrigieren wir durch Zurückgehen. Er lernt das Geradevorsitzen mit der Zeit, nicht aber durch zahllose Wiederholungen. Wir sollten bedenken, daß bei jedem Sprung das Knochengerüst des Hundes stark beansprucht wird.

Wir haben einmal einen Hund überlistet, der aus Trägheit jedesmal auf der Hürde aufsetzte. Der Trick, ein schmales Brett obenauf zu legen, das bei leichtem Berühren herunterfällt, oder eine Kette zu spannen, führte nicht zum Erfolg.

Wir entfernten daraufhin sämtliche Bretter der Hürde und umwickelten das Sprunggerät mit Packpapier von der Rolle von Holm zu Holm. Die Hürde unterschied sich nach der Verkleidung kaum von ihrer ursprünglichen Form. Der Hund wurde geschickt, diesmal jedoch klappte das »Ausruhen« nicht, er fiel vielmehr ziemlich unsanft auf den Boden. Jetzt mußte die Situation durch unbefangenes Spiel überbrückt werden, da ja ein Rücksprung nicht mehr möglich war. Am nächsten Tag zeigte sich: Der Schock hatte Wunder gewirkt! Der Hund war von nun an ein hervorragender Springer.

Springen über die Schrägwand

Dieses Sprunggerät soll der Hund möglichst kletternd überwinden. Beim Aufsetzen auf den Boden wird dann die Vorhand des Hundes nicht so stark belastet.

Die Schrägwände sind in der Neigung zu verstellen, und anfangs montieren wir sie so, daß wir selber mitlaufen können. Weiß der Hund, was von ihm verlangt wird, läßt sich die Freude an dieser Arbeit auf folgende Weise erhöhen: Mit einem verhaltenen »Hopp« fordern wir ihn zum Klettern auf und laufen so mit, daß wir dem Hund auf dem höchsten Punkt ein Leckerchen anbieten können. In der gleichen Weise wird auch der Rücksprung ausgeführt. Dadurch prägt sich unserem Vierbeiner der Klettersprung als lustbetontes Erlebnis ein. Wir sollten den Hund aber nach Möglichkeit dazu

Die Schutzhund-Prüfungen II und III verlangen den Klettersprung über die 1,80 Meter hohe Schrägwand

anhalten, nicht in einem Satz zu Boden zu springen, sondern auch abwärts zu klettern.
Langsam stellen wir die Wande steiler und laufen zunächst wiederum neben dem angeleinten Hund her, halten ihn aber beim Absprung etwas zurück, so daß er zum Ablaufen gezwungen wird. Indem wir nahe an die Hürde herantreten und das Bringsel kurz werfen, lernt der Hund das Klettern leichter.
Gleichzeitig üben wir nun das Bringen. Hierbei können wir ein kleines Apportierholz benutzen. Ebenso wie bei den vorher genannten Apportierübungen wird dem Hund nach dem Vorsitzen das Holz mit dem Hörzeichen »Aus« abgenommen. Wir sollten uns angewöhnen, hier immer einen Moment zu verharren. Er muß das Kommando »Fuß«, mit dem er in die Grundstellung gerufen wird, unbedingt abwarten.

»Voraus«

Bei dieser Übung geht der Hundeführer mit seinem Hund aus der Grundstellung geradeaus. Nach 10 Schritt soll der Hund auf das Hörzeichen »Voraus« (der Hundeführer darf dabei gleichzeitig den Arm richtungweisend heben) ca. 30 bis 40 Schritt schnell geradeaus laufen und muß sich auf das Hörzeichen »Platz« sofort hinlegen.

Auf jedem Hundeübungsplatz gibt es bestimmte Bereiche, wo sich die

Damit der Hund die »Voraus«-Übung gern ausführt, muß der abgelegte Gegenstand für ihn von größtem Interesse sein

Vorausübung abspielt. Das sind die Mittellinie und der Ablagepunkt, der sich je nach Länge des Platzes ziemlich an seinem Ende befindet. Der Hund wird von Anfang an auf diesen Punkt fixiert. Die Schrittzahl der Entfernung wird in Gegenrichtung ausgebaut, das heißt, sie wird vergrößert, indem wir vom Platzende aus zurückgehen.

Tip:
Sollte der Hund auf Futter nicht ansprechen, können wir auch eine Jacke oder ähnliches benutzen.

Das Grundtraining

Voraussetzung ist, daß der Hund jetzt die Platzübung einwandfrei beherrscht. Wir müssen zunächst einen Anreiz in Form eines Gegenstandes schaffen, der ihn veranlaßt, sich von uns zu lösen. Gut eignet sich ein kleiner Eimer, nicht höher als 20 Zentimeter, den man mit einem Plastikdeckel sehr gut verschließen kann. In diesen Behälter füllen wir Trockenfutterbrocken, die der Hund besonders gern nimmt.

Wir zeigen nun unserem Hund den Eimer ganz zwanglos, klappern und klopfen und geben ihm auch einen Brocken daraus. Wir stellen den Behälter auf den Boden und befehlen »Platz«. Die Entfernung von hier bis zum Platzende sollte höchstens 20 Schritte betragen. Der Hund bleibt liegen, wir entfernen uns mit dem Eimer und stellen diesen auffällig am Endpunkt der Vorausübung ab. Wir gehen zurück, grei-

Diese »Voraus«-Übung ist bestens gelungen: Der Hund macht »Platz« am Hilfsgegenstand, aus dem er gleich seine Belohnung bekommt

fen zum Halsband, geben das Hörzeichen »Voraus« und schicken ihn unter Heben des Armes in die gewünschte Richtung.
Die Vorbereitung muß schnell vonstatten gehen, damit die Motivation erhalten bleibt. Nehmen wir einmal an, der Hund setzt sich in Richtung Eimer in Bewegung. Dann laufen wir hinter ihm her, um ihn bei eventuellem Zögern erneut voranzutreiben und ihm bei der Ausführung des »Platz«-Kommandos Hilfestellung zu geben. Hat er sich hingelegt, bekommt er seine Belohnung aus dem Eimer. Danach darf er frei laufen. Anschließend klappern wir mit dem Inhalt des Eimers, um auf ihn aufmerksam zu machen, gehen zum Ausgangspunkt zurück und wiederholen die Übung.

Läuft der Hund nicht voraus, so ist der Anreiz des verwendeten Hilfsgegenstandes nicht stark genug. Wir können eine erhöhte Reizsituation herbeiführen, indem wir den Hund einer Hilfsperson an die Leine geben. Wir entfernen uns wie es beschrieben wurde, schwenken unterwegs heftig die Jacke, legen sie ab und versuchen dann, den Hund, natürlich ohne Leine, vorauszuschicken. Nachdem er das Hörzeichen »Platz« befolgt hat, klopfen wir auf das abgelegte Stück, und er darf es beschnüffeln, eventuell geben wir ihm einen Belohnungshappen.

Wichtiger Hinweis:
Bei der Vorausübung kommt es darauf an, im Hund den Drang zu erwecken, zu dem abgelegten Gegenstand zu gelangen. Gerade diese Übung erfordert viel Fingerspitzengefühl und eine überlegte Ausführung des Übungsablaufs.

Die Vervollkommnung
Nach einigen Tagen wird die Verknüpfung erkennbar sein. Unser Hund fixiert nun den abgelegten Gegenstand und kann es gar nicht erwarten, dorthin entlassen zu werden. Klappt auch das »Platz«, so haben wir die Grundlage geschaffen, die nach und nach eine größere Entfernung zuläßt. Bis zu 40 Schritt beträgt sie bei perfekt ausgeführter Übung. Zur Vervollkommnung dieses Lernschrittes gehört jetzt weiterhin, daß wir mit dem frei bei Fuß folgenden Hund einige Schritte geradeaus gehen. Wir gehen davon aus, daß der Vorausdrang erhalten geblieben ist und unser Kamerad bereits loslaufen will, ohne das Hörzeichen abzuwarten. Etwas Wehren spornt, wie bereits erwähnt, das Begehren. Wir ermahnen ihn, bei Fuß zu bleiben, notfalls unterstützt durch einen

kurzen Ruck an dem immer am Halsband befestigten Bändchen. Wenn dann das »Voraus« ertönt, müßte er dem Befehl um so freudiger Folge leisten. Ist dies geschehen, gehen wir zum Hund, nehmen an seiner rechten Seite Aufstellung, geben nach einem kurzen Augenblick das Hörzeichen »Sitz«, und damit ist die Übung beendet.

Die Hilfsgegenstände werden mit der Zeit immer unauffälliger; man deckt den Behälter zunächst mit Gras ab, entfernt ihn später ganz und benutzt ihn nur im Bedarfsfall nochmals als Erinnerung.

Für den Beginn der »Steh«-Übung ist der Koffergriff ein bewährtes Hilfsmittel

»Steh«

Die Stehübung wird erst bei der Schutzhund-III-Prüfung gefordert, und zwar einmal aus dem normalen Gehen und einmal aus dem Laufschritt heraus. Der Hund hat die Grundausbildung ja bereits hinter sich, und bei einem eingespielten Team dürften hierbei keinerlei größere Schwierigkeiten auftreten.

Für die Stehübung benötigen wir das Gliederhalsband und dazu eine etwa 1 Meter lange Führleine mit einer Halteschlaufe am Ende. Diese legen wir dem Hund um den Bauch, ziehen auf dem Rücken den Karabinerhaken durch die Halteschlaufe und befestigen ihn am Halsband. So entsteht eine Haltevorrichtung ähnlich einem Koffergriff, mit der wir den Hund am Hinsetzen und Vorwärtslaufen hindern können.

»Steh« aus dem Normalschritt

Wir ergreifen die Leine ziemlich weit hinten, gehen 10 bis 15 Schritt geradeaus und geben das Hörzeichen »Steh« bei gleichzeitigem Zug nach hinten. Wir loben »So ist brav, schön steh«, gehen unter gutem Zureden langsam um den Hund herum, genau wie bei der Sitzübung, und stellen uns dann neben ihn. Hier ist nun der Punkt, wo sich der Hund meistens setzen will, es ist für ihn die erlernte Position »Grundstellung«. Jetzt gilt es, ihm begreiflich zu machen, daß er stehen zu bleiben hat, was sich mit der Leine gut machen läßt.

Wenn der Hund das Hörzeichen mit dem Stehenbleiben verknüpft hat, gehen wir dazu über, uns von ihm zu entfernen, allerdings zunächst rückwärts geradeaus gehend, um ihn im Auge zu haben und gegebenenfalls auf ihn einwirken zu können. Wir dürfen niemals hastig auf unseren Freund zugehen, wenn er sich nicht wie gewünscht verhält, um ihn nicht einzuschüchtern. Die Prüfungsordnung schreibt uns eine Entfernung von mindestens 30 Schritt vor, aber wir fangen klein an, zunächst einmal mit ungefähr 10 Schritt.

Wenn die Übung beendet ist und wir den Hund abholen und neben ihm Aufstellung nehmen, dürfen wir ihn nicht absitzen lassen, sondern wir nehmen ihn aus dem »Steh« mit zur nächsten Übung. So wird vermieden, daß er sich zu früh beziehungsweise selbständig hinsetzt. Laut Prüfungsordnung darf er sich erst auf das Hörzeichen »Sitz« hin setzen. Bei der Prüfung bekommt er dieses vorgeschriebene Hörzeichen, so daß die Ausführung der Befehle keine Schwierigkeiten bereiten dürfte.

Wir entfernen uns zunächst rückwärtsgehend vom stehenden Hund. So können wir Blickkontakt halten und gegebenenfalls auf ihn einwirken

Wichtiger Hinweis:

Gibt man das Kommando »Sitz« ständig, dann neigt der Hund später dazu, sich selbständig hinzusetzen, und es ist schwer, ihm diese Unart wieder abzugewöhnen.

Wenn der Hund das Hörzeichen »Steh« begriffen hat und ohne Hilfe korrekt befolgt, lassen wir die Hilfsleine wegfallen. Wir gehen etwa 30 Schritt in gerader Richtung, bleiben stehen und drehen uns zum Hund, um ihn (bei der Prüfung auf Anweisung des Leistungsrichters) abzuholen. Es ist unbedingt darauf zu achten, daß der Hund von Anfang an stehenbleibt und sich auf keinen Fall vorwärtsbewegt, während wir uns von ihm entfernen. Neigt er dazu, müssen wir wieder rückwärts gehen, damit wir ihn stets im Auge behalten und notfalls unmittelbar zurechtweisen können.

»Steh« aus dem Laufschritt

Wenn die Stehübung aus dem Normalschritt heraus nun zuverlässig klappt, üben wir dasselbe aus dem Laufschritt heraus. Es ist ratsam, dazu noch einmal auf die Hilfsleine zurückzugreifen. Dazu schlagen wir zunächst einen langsamen Laufschritt ein und helfen beim Hörzeichen mit der Leine. Auch hier ist wieder unbedingt auf ein korrektes Stehen zu achten.

Einmal zur Angewohnheit geworden, läßt sich das Nachlaufen nur schwer wieder abgewöhnen. Man-

Wenn der Hund gelernt hat, den Befehl »Steh« korrekt zu befolgen, ist die Hilfsleine nicht mehr nötig

che Hunde versuchen, ihren Führer zu überlisten. Dreht man ihnen den Rücken zu, riskieren sie ein oder zwei Schritte, was sie sich beim Rückwärtsgehen des Hundeführers nicht erlauben. Es heißt also aufpassen, daß es nicht zu diesem unerwünschten Verhalten kommt.

Beim »Steh aus dem Laufschritt« wird der Hund später nach etwa 30 Schritt Entfernung vom Hundeführer hereingerufen. Anfangs muß man dies jedoch noch unterlassen, damit beim Erlernen nicht noch ein unnötiger Spannungseffekt hinzukommt. Dieser würde den Hund nämlich nur zum unruhigen Stehen verleiten.

Sobald er ohne Hilfsleine aus dem Laufschritt korrekt stehenbleibt, beginnen wir mit dem Abrufen. Beim ersten Mal wird er nicht so flott wie gewünscht kommen, denn dieser Übungsablauf ist für den Hund ungewohnt, und er könnte etwas verunsichert sein. Wir laufen einige Schritte rückwärts und muntern ihn auf. Wir gehen vor wie beim Hereinrufen aus der Platzübung, lassen den Hund erst vorsitzen und rufen ihn dann bei Fuß. Falls aber die Spannung zu groß und der Hund so unruhig werden sollte, daß er unser »Hier« nicht abwarten kann, dann müssen wir ihn eine Zeitlang abholen.

Schußgleichgültigkeit

Der Hund hat sich laut Prüfungsordnung bei Schüssen, die aus einiger Entfernung mit einer Schreckschußpistole abgegeben werden, gleichgültig zu verhalten. Man kann seinen Hund bereits im Welpenalter an den Knall gewöhnen, indem man sich eine Kinderpistole mit Platzpatronen zulegt, aus der man ab und zu im Freien beim Laufen und Toben unvermittelt einen Schuß abgibt. Auf dem Übungsplatz schießt eine Hilfsperson. Es ist darauf zu achten, daß anfangs aus größerer Distanz und immer vor dem Hund geschossen wird. Damit wird vermieden, daß er sich umsieht, und verringert auch den Schreck. Jetzt heißt es, den Hund gut zu beobachten; verhält er sich schußgleichgültig, kann die Entfernung verringert und auch schon mal von der Seite oder von hinten her geschossen werden.

Einen schußempfindlichen Vierbeiner müssen wir behutsam mit dem harmlosen Knall vertraut machen. Wir beschränken uns auf 2 Schüsse pro Übungsstunde, während der Hund im Normalschritt neben uns herläuft. Auch sollte während des Abliegens zweimal geschossen werden. Hier hocken wir uns zu Anfang neben den liegenden Hund und kraulen ihn ruhig und ohne Hast, während die beiden Schüsse

ertönen. Wir müssen bemüht sein, unserem Freund die eigene Ruhe und Gelassenheit vermitteln. Aufgeregte Worte und hektische Bewegungen, die ihm signalisieren, »gleich passiert etwas«, sind unbedingt zu vermeiden. Später stehen wir neben dem Hund, gehen dann aber einige Schritte von ihm weg und vergrößern so die Entfernung immer mehr, lassen ihn jedoch keinesfalls aus den Augen. Sollte er einmal unruhig werden, heißt es, absolute Ruhe zu bewahren. Leichte Schreckhaftigkeit läßt sich in aller Ruhe und mit Fingerspitzengefühl abbauen, durch aufgeregtes Verhalten des Hundeführers wird sie dagegen eher verstärkt. Gerade bei der Erziehung zur Schußgleichgültigkeit braucht man einen zuverlässigen Sportfreund, der den optimalen Zeitpunkt erkennt und nicht wild drauflos ballert.

Haben wir die Schußgleichgültigkeit erreicht, ist es nicht erforderlich, sie bei jeder Übungstunde zu trainieren. Das Schießen sollte jedoch nicht ganz in Vergessenheit geraten.

Gehen durch eine Menschengruppe

Für die Schutzhundprüfung müssen wir mit unserem Hund durch eine Menschengruppe gehen. Dabei soll gezeigt werden, daß sich der Hund Menschen gegenüber unbefangen verhält.

Die Gruppe besteht aus 4 bis 6 Personen, die mit ausgemacht ruhigen Bewegungen hin- und hergehen.

Beim Üben der Schußgleichgültigkeit ist es wichtig, selbst gelassen zu bleiben und den Hund nicht durch eigene Schreckhaftigkeit aufzuregen

Für den Alltag eines Gebrauchshundes ist es unerläßlich, daß er lernt, sich unbefangen unter vielen Menschen zu bewegen, sondern daß er ruhig durch sie hindurchlaufen kann

Grundsätzlich ist diese Gruppe geradewegs und mit flotten Schritten zu passieren, damit der Hund nicht dazu verleitet wird, nachzuhängen. Auch sprechen wir viel mit ihm und loben ihn, wenn er zügig mitgeht. Nach etwa 10 Übungsstunden, wenn unser Freund ohne Scheu oder Zögern mit uns die Gruppe durchläuft (je zweimal hin und zurück ist genug), beginnen wir mit dem Absitzen in der Menschengruppe.

Auch dies muß in der Prüfung mindestens einmal gezeigt werden. Wir üben das »Sitz« variabel, also ab und zu auch mal ganz dicht vor, neben oder hinter einer Person. Diese darf den Hund anfangs auch kurz streicheln. Wir müssen ihm vermitteln, daß die Gruppe keineswegs etwas Unerfreuliches für ihn bedeutet.

Wir können bei der Übung außerdem einmal ganz um eine Person herumgehen. Sollte sich der Hund später ablenken lassen, heißt es natürlich mit einem Leinenruck »Fuß«, und »So ist brav«, wenn er wieder bei der Sache ist.

Das Wichtigste in Kürze

► Damit der Hund bei den verschiedenen Unterordnungsübungen gehorcht, muß er immer wieder gelobt und durch Belohnung motiviert werden.

Das Gliederhalsband garantiert sicheren Halt; das Stachelhalsband kommt nur in besonders hartnäckigen Fällen zum Einsatz

► Strafe muß unmittelbar erfolgen, sonst kommt es beim Hund zu falschen Verknüpfungen.

► Zu häufiges Wiederholen von Übungen überfordert den Hund, so daß er den Spaß an der Arbeit verliert.

► Der Schutzhund muß lernen, stets das zu tun, was von ihm verlangt wird. Deshalb muß er sich beizeiten an Menschen gewöhnen und an andere Einflüsse wie fremde Gerüche und Geräusche, ohne daß er sich ablenken läßt.

Es wird davon ausgegangen, daß ferner ein Hundeübungsplatz zur Verfügung steht, auf dem die üblichen Utensilien und Einrichtungen wie Hürde, Schrägwand, Verstecke, Hetzkette, Schutzarm etc. vorhanden sind.

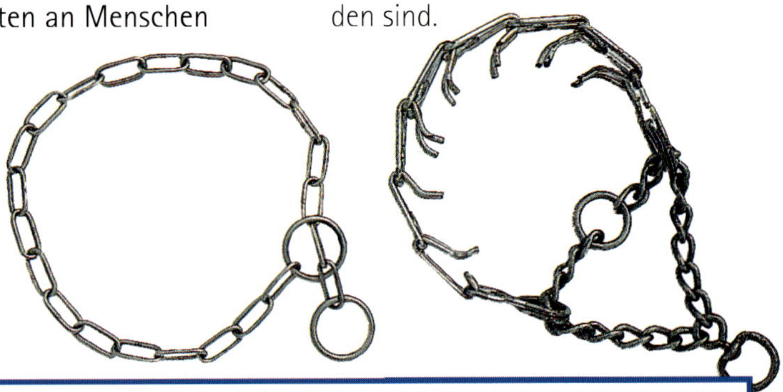

Notwendige Ausrüstung für die Schutzhundausbildung

für die Fährtenarbeit	**für die Unterordnung**	**für den Schutzdienst**
Gliederhalsband	max. 1 m Leine	10 m Leine
2m Führleine	3 m Führleine	Sack am 3 m langen Band
10 m Suchleine	10 m Suchleine	
Fleischbröckchen	25 cm Schnur (»Bändchen«)	
kleiner Ball zum Belohnen	Stöckchen	
diverse kleine Gegenstände zum Verweisen, vorzugsweise alter Lederhandschuh	Apportierholz	
Kinderpistole mit Platzpatronen	kleiner, verschließbarer Eimer mit Trockenfutter	

Der Schutzdienst

Allgemeines

Die Schutzdienstarbeit steht und fällt mit einem erfahrenen Helfer, auch Figurant oder Scheintäter genannt. Unsere Aufzeichnungen können nicht in jedem Falle als eine Anleitung mit Erfolgsgarantie gewertet werden, da der Hundeführer die Schutzdienstarbeit nur mit dem Helfer, der ihm zur Verfügung steht, und nach dessen kundiger Anweisung vollziehen kann. Dieser hat im Laufe der Zeit seine eigene Methode entwickelt; ihm muß sich der Neuling im Hundesport erst einmal ganz anvertrauen, bevor er eigene Ideen in die Zusammenarbeit einbringen kann.

Man tut gut daran, während der Grundausbildung bei dem einmal gewählten Helfer zu bleiben. Er hat nach einigen Übungsstunden die Wesensart des Hundes erkannt, kann ihn daher optimal fordern und fördern und hat durch das ständige gemeinsame Engagement ein starkes Interesse an der erfolgreichen Ausbildung.

In diesem Buch zeigen wir Methoden auf, nach denen wir unsere Hunde ausbilden und die uns Erfolg brachten. Sicher kann diese oder jene Anregung in die Schutzdienstarbeit des Lesers mit einfließen, aber sie muß je nach Veranlagung des einzelnen Hundes individuell gestaltet werden.

Fördern des Beutetriebs

Auf den Schutzdienst bereiten wir unseren Hund zunächst vor, indem wir ihn zu einem eigens entwickelten Beutespiel veranlassen. Wir benötigen dazu eine zweite Person. Der Garten ist anfangs der richtige Übungsplatz.

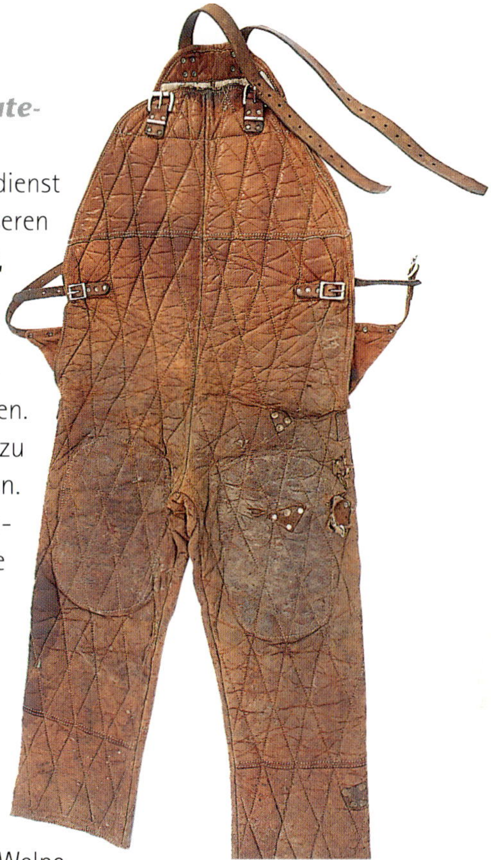

Die Hetzhose ist die »Berufskleidung« des Helfers

Beutespiele

Ein etwa 3 Meter langes Band wird an ein Stück Sack gebunden. Der 12 bis 14 Wochen alte Welpe wird am Halsband festgehalten, während die zweite Person den Sack am Band ruckartig vor dem Hund auf dem Boden hin- und herbewegt. Bald wird dieser aufmerksam und will der »Beute« nachjagen. Ist er richtig angereizt, wird er losgelassen, darf den Sack schnappen, ihn schütteln oder tragen und wird ausgiebig gelobt. Mit einem

Ein alter Jutesack dient als Beute

Trick, etwa durch kurzes Anheben des Hundes oder Anreizen mit einem weiteren Beutestück, bringen wir ihn zum Ablassen, und das Spiel wird noch einmal wiederholt. Dann ist es genug.

Nach einigen Tagen wird es schwieriger. Der Sack wird mit kreisenden Bewegungen herumgeschleudert, auch über den Boden gezogen und, während der Hund schon nach ihm schnappen will, nochmals mit kurzem Ruck von ihm wegbewegt. Er muß die Beute also aufmerksam fixieren und sich beeilen, wenn er sie packen will. Hat er zugefaßt, wird ihm der Sack erst nach kurzem Ziehen überlassen. Dieses Streitigmachen stellt bereits die erste Forderung an den Welpen. Er muß um die Beute kämpfen.

Wir fügen einen weiteren Schwierigkeitsgrad hinzu. Kurz bevor der Hund zufaßt, reißen wir die Beute hoch, und er schießt an uns vorbei ins Leere. Beim zweiten Anlauf bekommt er den Sack dann natürlich zu fassen.

Im Alter von etwa 4 ½ Monaten beginnt der Zahnwechsel, das heißt, die Milchzähne fallen nach und nach aus, und die bleibenden Zähne wachsen nach. Aus diesem Grund dürfen wir etwa 8 Wochen lang keine Anforderungen an das

Der Kampf um die »Beute« soll das Reaktionsvermögen schulen

Gebiß unseres jungen Hundes stellen. Auf keinen Fall darf er während dieser Zeit zum Beißen veranlaßt werden, denn Schmerzen können das Beutespiel zu einem unangenehmen Erlebnis machen. So weit dürfen wir es unter keinen Umständen kommen lassen.

Die Hetzkette

Im Alter von 7 Monaten kommt der Hund auf dem Übungsplatz an die Hetzkette. Sie ist etwa 3 Meter lang und mit einer Feder ausgestattet, die verhindert, daß der vorschnellende Hund einen harten Ruck bekommt. Zunächst wird noch der dem Hund bekannte Sack zum Hetzen verwendet. Der Hundeführer steht anfangs neben dem Hund und hält die zusätzlich am Halsband befestigte Führleine so weit nach unten, daß der im Übereifer hochspringende Hund davor bewahrt wird, sich zu überschlagen. Der Helfer reizt mit dem Sack in der Hand, indem er ihn hin- und herschleudert, auf dem Boden vom Hund weg bewegt und ihn schließlich von unten schräg nach oben ziehend zum Beutemachen anbietet. Nach kurzem Nachgeben und erneutem Heranziehen wird dem Hund die

Über das Hetzgeschirr empfängt der Hund die Leinenkorrekturen des Ausbilders

Hat der Hund gelernt, die »Beute« niederzureißen, ist es Zeit, mit einer Beißwulst den Anbiß zu üben

Beute überlassen. Er darf sich einen Augenblick mit ihr beschäftigen, bis der Hundeführer mit einem Trick versucht, in den Besitz des Sackes zu kommen, den er dem Figuranten sofort zuwirft, damit dieser den Hund erneut damit anhetzen kann. Aber wie gesagt: in der Kürze liegt die Würze! Ermüdung und Überforderung verzögern den Fortschritt in der Ausbildung.

Unser Hund hat es mittlerweile gelernt, Beute niederzureißen und durch Kämpfen für eine Weile in seinen Besitz zu bringen. Wir benutzen jetzt eine alte Manschette oder eine Beißwulst, die zum üblichen Inventar eines Hundeübungsplatzes gehört, woran wir eine 3 Meter lange Leine befestigen. Der Helfer schleudert das Objekt mehrmals kreisend an dem Hund vorbei, der an der Hetzkette angebunden ist, bringt es schließlich in dessen Kopfhöhe und läßt ihn zuschnappen. Es folgt das Beutespiel, wie wir es bereits kennen. Das Band wird nach und nach verkürzt, was bereits eine erhöhte Anforderung an die Belastbarkeit des Hundes bedeutet. Beißt er an ganz kurzer Leine und zeigt einen konsequenten Griff, dann ist es an der Zeit, zum sogenannten Junghundärmel überzugehen. Darunter versteht man einen weichen Beißarm, an dem ungeübte Junghunde den festen Anbiß erlernen.

Um das Griffverhalten zu fördern, erhält der Hund erst einen knappen Anbiß, muß nachfassen, und bei vollem Biß wird ihm der Arm überlassen

Griff-Förderung

Heute werden bei der Schutzhundprüfung ganz gezielte Anforderungen an das Griffverhalten unserer Hunde gestellt. Der Anbiß soll fest und sicher sein, der Griff ruhig gehalten werden, und die abschließende Trennung vom Hetzarm hat klar erkennbar zu erfolgen. Es ist ratsam, dem Hund bei der Ausbildung bewußt zuerst einen knappen Anbiß zu geben, ihn dann nachfassen zu lassen und ihm bei vollem Biß den Arm zu überlassen.

Am Junghundärmel erlernt der ungeübte Hund den festen Anbiß

Auch sollte der Hund beim Beißen mit allen vier Pfoten die Erde berühren, damit er gezielt und sicher nachfassen kann. Aus dem gleichen Grund soll der Hetzarm wiegend, keinesfalls ruckartig, bewegt werden.

Verbellen und Stellen

Da wir mit unserem Hund während des Zahnwechsels keine Schutzdienstübungen machen können, nutzen wir die Zeit, ihm das Verbellen beizubringen. Wir bereiten zur gewohnten Zeit sein Futter, halten den angeleinten Welpen kurz vor dem Futternapf fest und animieren ihn mit »Voran« zum Lautgeben. Dieses zunächst unpassend erscheinende Hörzeichen benutzen wir deshalb, weil es auch beim späteren sogenannten Revieren Verwendung findet und den Hund gleichzeitig zum Verbellen motiviert. Da er nicht zu seinem Futter gelangen kann, wird der Welpe bald einen fiependen oder winselnden Laut von sich geben. Sofort danach darf er fressen. Diese Übung wiederholen wir jeden Tag, und irgendwann hat der Hund begriffen: Durch Lautgeben kommt er zu seinem Ziel. Wichtig ist, daß wir anfangs die geringste Lautäußerung belohnen. Bis wir die Mannarbeit wieder aufnehmen können, sind wir so weit, daß der Hund an der Leine seinen Futternapf freudig verbellt. Hier bekommt er als Belohnung sein Futter, später darf er nach dem Lautgeben beißen beziehungsweise Beute machen. Durch diese kleine Vorübung erreichen wir ein natürliches, unverkrampftes Verbellen.

»Voran« an der Hetzkette

Wir üben das Verbellen, bis es richtig sitzt, ausschließlich an der Hetzkette. Der Helfer baut sich unmittelbar außer Reichweite vor dem Hund auf. Der Hundeführer gibt nun das Verbellkommando »Voran«.

Einem Hund, der die Vorübung gut beherrscht, wird die Verknüpfung nicht schwerfallen. Sobald er Laut gibt, wird er bestätigt, indem ihm der Hetzarm zum Anbiß geboten und nach kurzem Kampf als Beute überlassen wird. Allerdings darf man diese Übung nicht zu oft hintereinander wiederholen, weil sich der Drang zum Zufassen sonst abschwächen könnte.

Wichtiger Hinweis:
Wir behalten die Übung so lange bei, bis der Hund anhaltend und energisch bellt. Was er jetzt lernt, ist etwas sehr Wichtiges: Ein stillstehender Helfer wird verbellt; sobald er sich jedoch bewegt, darf zugefaßt werden!

Im Verlauf der nächsten Ausbildungsphase wird der Hund aus einiger Entfernung zum Stellen und Verbellen geschickt. Der Helfer steht wie bisher an dem Punkt, der für den Hund nicht mehr erreichbar ist. Der Hundeführer geht mit seinem Hund ungefähr 3 Meter zurück und schickt ihn mit dem Hörzeichen »Voran« zum Scheintäter. Beim ersten Mal wird er vielleicht durchzubrechen versuchen. Das nächste Mal ist er bereits vorsichtiger und wird vor dem Helfer etwas abbremsen, um dem Ruck der Kette zu entgehen.

»Voran« am Versteck
Erst wenn der Hund die Übung einwandfrei und ohne unterstützende

Den Hund das Verbellen am Versteck zu lehren bedarf höchster Aufmerksamkeit, damit es nicht zu Fehlverknüpfungen kommt

Hörzeichen beherrscht und korrekt ausläßt, können wir dazu übergehen, das Stellen und Verbellen am Versteck zu üben. So vermeiden wir Konfliktsituationen am Versteck. Diese Arbeit erfordert größte Konzentration, damit beim Hund exakte und folgerichtige Verknüpfungen entstehen. Wir benötigen dazu eine stabile Leine von etwa 10 Metern Länge, die sich nicht dehnen darf. Sie wird so befestigt, daß sie wie die Hetzkette den Hund daran hindert, den zunächst **vor** dem Versteck postierten Helfer zu fassen. Da das Abbremsmanöver dem Hund bereits vertraut ist, können wir ihn auf diese Distanz unter dem Hörzeichen »Voran« zum Helfer schicken. Dessen Einfühlungsvermögen bleibt es überlassen, wann er dem Hund den Anbiß gibt. Der Vierbeiner muß im Laufe der Ausbildung immer länger und anhaltender verbellen. Später verdoppeln wir seine Laufstrecke, genau wie an der Hetzkette; es sind also 20 Meter, die er bis zum Versteck zurücklegen muß.

Diese Übung muß über einen längeren Zeitraum vollkommen sicher ausgeführt werden. Erst dann stellt sich der Helfer **in** das Versteck. Der Hundeführer schickt seinen Hund aus der Grundstellung heraus zum Verbellen, während die lange Leine in entsprechender Distanz von einer Hilfsperson gehalten wird. Da wir nicht mehr an einen Standort gebunden sind, können wir nach einigen Übungsstunden die Verstecke wechseln.

Die vorausgegangene Übung muß sicher beherrscht werden, bevor wir zum nächsten Abschnitt übergehen; das ist beim Verbellen ganz besonders wichtig. Wenn wir sicher sein können, daß der Hund den Helfer beim Stellen nicht belästigt, schicken wir ihn mit schleifender Leine, die nicht festgehalten wird, ins Versteck. Wir haben so trotzdem noch die Möglichkeit, Fehlverhalten jederzeit zu korrigieren.

Haben wir unserem Hund genügend Zeit gelassen zu lernen, daß

Tip:
In der Kürze liegt die Würze! Diese Weisheit sollte als goldene Regel während der Aufbauarbeit beherzigt werden.

Der Lohn aller Mühen zeigt sich, wenn der Hund fähig ist, ohne Leine den Täter korrekt zu verbellen

Tip:
Eine zweite Person sollte immer am Versteck stehen. Sie gehört dann zur gewohnten Situation, und der Hund läßt sich auf Prüfungen nicht vom anwesenden Leistungsrichter ablenken.

der stillstehende Scheintäter für ihn zwar nicht erreichbar, aber unter allen Umständen zu verbellen ist, müßte jetzt der Erfolg unserer Arbeit sichtbar werden: sauberes Verbellen ohne Leinenhilfe.

Ablassen vom Helfer

Die Krönung unserer Ausbildung ist die disziplinierte Schutzdienstarbeit. Wir müssen dem Hund begreiflich machen, daß er sich unserem Willen unterzuordnen hat und daß er unserem Hörzeichen auch trotz höchster Erregung und Reizlage Folge leisten muß.
Wenn unser Hund nicht nur in den Hetzarm beißt, sondern diesen auch noch heftig schüttelt, womit er uns die Ernsthaftigkeit seines Kampfes anzeigt, können wir dazu übergehen, das Ablassen zu üben. Ein erfahrener Helfer wird den Entwicklungsstand erkennen.

Wichtiger Hinweis:
Wir warnen allerdings dringend davor, die Übung Ablassen vom Helfer zu früh in das Lernprogramm aufzunehmen, denn dadurch könnte der Hund verunsichert und seine Kampfmoral geschwächt werden. Man kann für den günstigsten Zeitpunkt kein Alter zugrunde legen, sondern muß je nach Kampfgeist und Wesensveranlagung vorgehen.

Stillstand des Helfers: »Aus«
Der Hund trägt zwei Halsbänder, eines davon ist an der Hetzkette befestigt. Das zweite Halsband, das wir zur Verdeutlichung des »Aus«-Kommandos benötigen, muß ziemlich stramm und unmittelbar hinter dem Kopf sitzen, damit der Leinenruck für den Hund auch spürbar ist. Die daran befestigte Führleine haben wir in der Hand. Der Helfer »kämpft« unter heftigen Oberkörper- und Armbewegungen mit dem Hund. Nach der Einstellung des Kampfes beziehungsweise dem Stillstand des Helfers warten wir einen Moment, danach folgt ein scharfes »Aus« unter gleichzeitigem kräftigem Leinenruck in Richtung Helfer. Unmittelbar darauf ertönt das Hörzeichen »Voran«. Der Hund soll kurz verbellen und gleich danach wieder den belohnenden Anbiß bekommen.
Anbiß, Aus, Verbellen – das wiederholen wir einige Male. Es ist darauf zu achten, daß der Hund nicht zum vorzeitigen Ablassen erzogen wird, deshalb darf er den Helfer, wenn dieser in die Stillstandposition geht, ruhig noch so lange attackieren, bis er unser Kommando erhält. Wenn Ihr Hund erst noch einige Übungsstunden hinter sich gebracht hat, werden Sie erkennen können, ob er das Kommando »Aus« endgültig gelernt hat.

Wichtiger Hinweis:
Dem Hund muß Gelegenheit gegeben werden, nach dem Hörzeichen »Aus« selbständig abzulassen, es erfolgt kein gleichzeitiger Leinenruck mehr. Der Ruck an der Leine dient nicht länger der Verdeutlichung des Kommandos, sondern stellt nun die Strafe für einen eventuellen Ungehorsam unseres Hundes dar.

Revieren

Das Revieren, auch **Streifen nach dem Helfer** genannt, wird nach unserer Methode nur ein Hund korrekt erlernen, der dem Führer vollständig gehorcht und bis zu diesem Zeitpunkt stets mit äußerster Konsequenz ausgebildet wurde.

Der Hund soll nicht etwa den Scheintäter schnellstens aufspüren, er muß vielmehr nach Anweisung des Hundeführers systematisch die sechs Verstecke abstreifen, die gemäß der Prüfungsordnung auf dem Übungsplatz vorhanden sein müssen. Diese Gehorsamkeitsübung endet mit dem Auffinden des Helfers, der das begehrte Objekt, den Hetzarm, trägt. Die Kunst der Ausbildung besteht darin, dem Hund begreiflich zu machen, daß ihn nur einwandfreies zügiges Revieren schnellstens zu seinem Ziel bringt.
Der Hund kennt durch die Verbellübung das Anlaufen eines Versteckes. Bei der Revierausbildung benutzen wir zu Anfang zwei gegenüberliegende Verstecke. Das hat

Mit dem Hörzeichen »Voran« und dem richtungsweisenden Arm wird der Hund zum Revieren geschickt

T*ip:*

Damit der Hund nicht lustlos wird, stellen wir den Helfer ab und zu in das zweite Versteck. Der Hund wird drangvoll revieren, weil er sein Erfolgserlebnis erwartet.

folgenden Grund: Wir zwingen den Hund von Anfang an trotz Sichtkontakt zum Helfer in die entgegengesetzte Richtung. Er lernt also von vornherein, daß er unserer Anweisung und nicht seiner eigenen Neigung zu folgen hat. Wir üben zu Anfang grundsätzlich mit einer schleifenden 10-Meter-Leine, die allerdings keine Endschlaufe haben darf, damit sie sich nicht im Strauchwerk verfangen kann. Mit unserem Hund nehmen wir etwa 7 Meter vor dem leeren Versteck Aufstellung und richten ihn darauf aus, das heißt, wir stehen in Grundstellung in Richtung Versteck. Wir zeigen mit dem ausgestreckten rechten Arm dorthin und versuchen, den Hund mit dem Hörzeichen »Voran« zu zwingen, dieses Versteck zu umlaufen; gegebenenfalls unterstützen wir ihn, indem wir bis kurz davor mitlaufen. Ein Ausbrechen aus der angegebenen Richtung können wir mittels der langen Leine bestrafen. Sobald der Hund hinter dem Versteck ist, heißt es »So ist brav«. Wir wechseln nun gleichzeitig unseren Standort, damit er nicht zurück läuft und uns auf der anderen Seite sofort wieder im Blickfeld hat. Jetzt gehen wir ein paar Schritte rückwärts, ziehen den Hund mit dem Kommando »Hier« zu uns und schicken ihn dann sofort mit dem erneuten Hörzeichen »Voran« zum Helfer. Hier muß er verbellen, während der Hundeführer in die unmittelbare Nähe des Geschehens aufruckt und stehenbleibt. Erst jetzt bietet der Scheintäter den Arm zum Anbiß an. Wir wollen damit die leichte Unsicherheit des Hundes beheben und der unerwünschten Verknüpfung vorbeugen, daß der Hund das Herankommen des Hundeführers als Signal für das Beißen ansieht.

Diese Übung kann an einem Tag zwei- bis dreimal wiederholt werden. Schon nach kurzer Zeit wird der Hund das Leerversteck rasch und ohne zu zögern umlaufen. Jetzt lassen wir den Helfer vor Versteck Nummer 3 Aufstellung nehmen. Der Hund muß die beiden ersten Verstecke anrevieren, beim dritten Anlauf den Scheintäter verbellen und bekommt einen kurzen Anbiß. Dann geben wir das Hörzeichen »Aus, Voran«, lassen den Hund noch einen Augenblick bellen, treten neben ihn und beenden die Übung mit dem Kommando »Fuß«, worauf wir uns vom Versteck entfernen. Wir erweitern nun die Revierübung, bis wir alle sechs Verstecke einbezogen haben.

Der Hetzarm ist nicht nur Lernmittel, sondern für den Hund auch begehrter Lohn für eine Gehorsamkeitsübung

Transport des Helfers

Ein anderer sehr wichtiger Bestandteil der Schutzdienstarbeit auf der Basis von Unterordnung ist der sogenannte Transport des Helfers. Der Hund muß lernen, hinter sowie neben dem Scheintäter bei Fuß zu gehen, also den Rücken- und Seitentransport auszuführen.
Der Helfer steht ruhig und aggressionsfrei mitten auf dem Übungsplatz. Der angeleinte Hund muß ihn ignorieren und bei Fuß gehen, obwohl durch die Anwesenheit des Scheintäters für ihn eine Reizlage besteht.
Nach einigen Übungsstunden weiß der Hund, daß er sich unterordnen muß und daß in dieser Situation von dem Helfer keine Gefahr ausgeht. Jetzt bauen wir die Übung weiter aus und führen den **Seitentransport** durch, indem wir mit dem Hund rechts neben den Scheintäter treten und ihn dort absitzen lassen. Nach kurzer Pause heißt es »Kommen Sie mit« und »Fuß«. Wir gehen etwa 30 Schritt und bleiben dann stehen.
Etwas schwieriger wird es beim **Rückentransport**, wenn der Hund korrekt bei Fuß gehen soll, während der Helfer vorausgeht. Wir nehmen etwa 5 Schritt hinter dem stehenden Scheintäter Aufstellung, rufen ihm zu »Gehen Sie vor« und marschieren mit unserem Hund hinter

ihm her. Nach 40 bis 50 Schritten schließen wir auf, gehen kurz zum Seitentransport über und halten dann an. Von Anfang an muß darauf geachtet werden, daß der Hund korrekt bei Fuß geht. Der Helfer soll in den folgenden Übungsstunden durchaus auch Rechts- oder Links-

Unterordnung, vor allem korrektes »Bei-Fuß-Gehen«, ist unerläßlich bei der Übung »Transport des Helfers«

winkel gehen. Hierbei wird der Hund anfangs vorpreschen, das müssen wir jedoch energisch korrigieren.

Tip:

Wir empfehlen, den Transport von der Hetzarbeit völlig abzukoppeln und separat zu üben, bis der Hund ihn korrekt ausführt. Beginnen wir diese Übung in der angespannten Reizlage während des Schutzdienstes, müssen wir weitaus mehr unliebsame Korrekturen vornehmen.

Verfolgung des fliehenden Helfers

Wenn unser Hund an der Hetzkette nicht mehr steigerungsfähig ist und seine kämpferische Veranlagung voll entfaltet hat, üben wir das Verfolgen und Einholen des fliehenden Helfers. Dieser reizt den Hund, den wir an der kurzen Führleine halten, kräftig an und läuft davon. Hat er sich etwa 10 Schritte entfernt, lassen wir den Hund los, während wir ihn anfeuern. Der Hetzarm wird in Laufrichtung fast waagerecht ausgestreckt gehalten, und der Hund soll ihn mit festem Biß herunterziehen. Der Hundeführer geht hinterher und unterstützt seinen Hund bei dem anschließenden kurzen Kampf, der dann durch Überlassen der Beute oder bei höherem Ausbildungsstand durch »Aus« beendet wird.

Bei der »Verfolgung des fliehenden Helfers« kommt es sehr auf die Erfahrung des Helfers an, damit der Hund beim Herumgeschleudertwerden keinen Schaden nimmt

Die Entfernung zwischen dem fliehenden Helfer und dem Hund wird langsam gesteigert; auch wird später die Körperdrehung des Scheintäters zum Hund eingebaut. Unser Schüler muß jetzt lernen, den Hetzarm auch in dieser Lage fest zu fassen.

Wenn der Hund sich mutig zeigt und zupackt, können wir ihm den letzten Übungsabschnitt zumuten: Der Helfer flieht etwa 50 Schritt, dreht sich zum ihn verfolgenden Hund um und läuft diesem unter drohenden Bewegungen und mit Vertreibungslauten entgegen.

Hier müssen wir wieder der Erfahrung des Helfers vertrauen. Er muß den Hund geschickt abfangen können, denn er muß unter allen Umständen vermeiden, daß das Tier beim Aufprall oder wenn es nach dem Anbiß heftig herumgeschleudert wird, einen Schaden erleidet.

Wichtiger Hinweis:
Macht ein Hund schmerzhafte Erfahrungen, wenn er unsachgemäß abgefangen wird, dann wird er den Anbiß immer sehr verhalten zeigen und zum Abbremsmanöver neigen. Es kostet dann sehr viel Mühe, aus diesem Hund wieder einen mutigen und unerschrockenen Angreifer zu machen.

Überfall aus dem Versteck

Diese Übung ist ein Bestandteil der Schutzhund-I-Prüfung. Der Helfer unternimmt einen Scheinangriff auf den Hundeführer, der mit seinem freifolgenden Hund dicht am Versteck vorbeigeht.

Es empfiehlt sich, anfangs den Helfer für den Hund erkennbar aufzustellen, etwa zwischen Büschen am Rande des Übungsplatzes oder, wenn kein Gebüsch vorhanden ist, vor einem Versteck.

Wir haben unseren Hund an der 10 Meter langen Leine kurz gefaßt, geben das Hörzeichen »Fuß«, marschieren an dem Helfer vorbei und zwingen ihn von Anfang an zu korrektem Bei-Fuß-Gehen. Dies wiederholen wir nach einer Kehrtwendung. Kommen wir ein drittes Mal am Helfer vorbei, unternimmt dieser einen »Überfall«. Jetzt geben wir sofort die Leine frei. Der Hund soll mutig angreifen, und das unterstützen wir anfangs in jeder Weise.

Nach einigen Übungsstunden hat der Hund begriffen, um was es geht, und der Figurant stellt sich nun nicht sichtbar hinter dem Versteck auf. Jetzt ist das Spannungsmoment größer, und der Hund wird vorpreschen, um den Helfer ausfindig zu machen. Hier gilt es, ihn ganz konsequent bei Fuß zu halten, ihn jedoch keinesfalls durch zu scharfe Stimme einzuschüchtern, worunter sein Kampfeseifer leiden würde.

Die beiden obligatorischen Prüfungsschläge (siehe den Abschnitt »Stockschläge« in diesem Kapitel) werden nur angedeutet. Auf den Kampf folgt nach einigen Sekunden das Hörzeichen »Aus«, das der Hund bereits von der Arbeit an der Hetzkette kennt.

Tip:
Hat der Hund anhaltend gebellt, erhält er nochmals einen Anbiß. Auf diese Weise soll erreicht werden, daß der Hund seine Aufmerksamkeit auch weiterhin auf den Helfer richtet.

Den Stock hat der Helfer stets in der Hand, doch der Hund soll ihn nur kennen-, nicht fürchten lernen

Da wir mit der langen Leine arbeiten, haben wir die Möglichkeit, den Hund zur Ordnung zu mahnen, wenn er Ungehorsam zeigt. Der Leinenruck muß immer in Richtung auf den Helfer erfolgen. Wir sollten die Leine so führen, daß sie zwischen den Beinen des Helfers hindurch verläuft. Auf diese Weise kann der Hundeführer strafend eingreifen, wenn der Hund nicht vom Helfer abläßt.

T *ip:*

Bewährt hat es sich, wenn der Helfer am Gebüsch entlang flüchtet und die Zweige den Hund streifen – auch hierdurch steigert sich sein Kampfeswille.

Fluchtverhinderung

Diese Leistung wird dem Hund erst bei der Schutzhund-II- beziehungsweise bei der Schutzhund-III-Prüfung abverlangt. Sie setzt eine gute Grifftechnik voraus und soll folgendermaßen aussehen: Der etwa vier Schritt vom stehenden Helfer entfernt abgelegte Hund hindert diesen durch festen Anbiß am unternommenen Fluchtversuch. Er trippelt nicht nur neben dem Helfer her, sondern strebt mit seinem ganzen Körpergewicht entgegen der Fluchtrichtung ein.

Auch hier üben wir mit langer Leine. Der Fluchtweg beträgt ungefähr 15 Schritt. Anfangs wird der Hetzarm beim Laufen ruhig gehalten, um dem Hund eine optimale Anbißmöglichkeit zu bieten. Und es ist auch wichtig, den Arm hochzuhalten, damit der Hund zum Herunterziehen gezwungen wird. Nach dem Anbiß läuft der Helfer erst ein wenig langsamer und senkt den Beißarm so weit ab, daß der Hund auf allen vier Beinen laufen kann. Auf diese Weise kann er sich besser gegenstemmen. Nun gibt der Helfer dem Griff des Hundes zunächst nach, versucht dann aber wieder, den Arm nach vorn zu ziehen. Wir laufen anfangs mit und unterstützen den Hund durch ein aufmunterndes »So ist brav« und herzhaftes Klopfen auf die Flanken, das ist der Bereich hinter den Rippen unterhalb der Lendenwirbelsäule. Er muß lernen, diese Übung kämpferisch zu absolvieren.

Bei der Flucht sollte nicht nur mit einem Links-, sondern ab und zu auch mit einem Rechtsarm gearbeitet werden, da hierbei dem Hund eine andere Grifftechnik abverlangt wird. Hin und wieder halten wir ihn außerdem an der langen Leine etwas zurück, was seinen Einsatz steigern wird.

Stockschläge

Der Scheintäter führt einen Stock mit sich, mit dem er bei bestimmten Kampfhandlungen dem Hund laut Prüfungsordnung einige Schläge zu versetzen hat.

Sobald der Hund am Hetzarm arbeitet, wird er ständig mit dem Stock konfrontiert, jedoch nur insoweit, als der Helfer damit drohende Bewegungen ausführt. Er soll den Stock kennen, aber nicht fürchten lernen, das ist sehr wichtig. Obwohl den Hund bei der Prüfung zwei beziehungsweise bei der Schutzhund-III-Prüfung vier gezielte Schläge möglichst unmittelbar hinter dem Widerrist treffen sollen, wird während der Übungsstunden zumindest bei einem jungen Hund darauf verzichtet, oder aber die Hiebe werden nur angedeutet.

Die Parole »hau mal drauf, damit er wach wird« gehört glücklicherweise der Vergangenheit an. Manchen gut veranlagten Hund hat man früher durch ständige Schläge dazu veranlaßt, diesen auszuweichen. Zeigt sich ein Hund durch den Stock beeindruckt, so ist das die Folge unsachgemäßer Ausbildung. Hin und wieder wird es noch praktiziert, daß der Helfer den schwer oder gar nicht ablassenden Hund vom Arm abschlägt. Wir wollen aber keinesfalls beim Hund die Verknüpfung auslösen, daß der Stock Schmerzen verursacht.

Sachgemäß ausgebildete Hunde nehmen die Prüfungsschläge ohne Scheu und Kampfverzögerung hin, zumal heute auch bei Veranstaltungen nicht mehr blindlings draufllosgeprügelt wird.

Wenn die Ausbildung fortgeschritten ist, kann ohne weiteres gelegentlich zur Übung ein Schlag angebracht werden, man sollte dies gegebenenfalls mit dem Helfer absprechen.

Ein erfahrener Helfer erkennt, wann es an der Zeit ist, das Ablassen zu üben

Herausrufen des Hundes aus dem Versteck

Bei den Prüfungsstufen II und III wird der Hund mit dem Hörzeichen »Hier, Fuß« aus einer Entfernung von etwa 5 Schritten vom Helfer abgerufen, nachdem er diesen gestellt und verbellt hat. Die Aufstellung des Hundeführers sowie der Abruf des Hundes erfolgen auf die Anweisung des Leistungsrichters hin.

Bei dieser Übung kann es leicht geschehen, daß der Hund den Helfer vorzeitig verläßt, da er den Übungsablauf kennt und abkürzen will, um so schnell wie möglich zum Beißen zu kommen.

Zunächst holen wir den Hund ab, indem wir neben ihn treten, ihn

Schon die Welpen machen begeistert »Beute«

noch einen Moment bellen lassen und dann mit ihm unter dem Hörzeichen »Fuß« das Versteck verlassen. Später üben wir das Herausrufen ab und zu, um sicherzugehen, daß das Kommando auch befolgt wird. Dann wird nur noch selten abgerufen, die Übung jedoch ständig variiert, um zu verhindern, daß der Hund auf uns zukommt. Wir bleiben nach einer wechselnden Verbelldauer etwa 5 Schritt vor dem Versteck stehen, gehen zum Hund, lassen ihn dort noch einen Augenblick verbellen und dann kurz anbeißen. Der Kampf muß unter allen Umständen im Versteck stattfinden. Nach dem Ablassen entfernt sich der Hundeführer noch einmal 5 Schritt und nimmt den Hund erst beim zweiten Mal mit aus dem Versteck beziehungsweise ruft ihn gelegentlich ab. Wir erreichen damit, daß der Hund stärker auf den Helfer bezogen ist und anhaltend bellt, weil er unmittelbar nach der Verbellphase einen Angriff von seiten des Helfers erwartet.

Wichtiger Hinweis:
Wenn der Hund, anstatt sich auf seine Aufgabe zu konzentrieren, zu seinem Führer hinschaut, darf ihm auf keinen Fall der Hetzarm angeboten werden. Das kann ihn zu einer unerwünschten Verknüpfung veranlassen. Denn manche Hunde nehmen die Gewohnheit an, wegzuschauen, weil sie glauben, daß sie auf diese Weise zum Beißen kommen. Nur der Hund, der ordnungsgemäß anhaltend verbellt, wird mit dem erwünschten Anbiß belohnt.

Das Wichtigste in Kürze

► Für die Schutzdienstausbildung macht man sich den natürlichen Beutetrieb des Hundes zunutze und fördert je nach Veranlagung seine Bereitschaft zum Verbellen und zum Angreifen eines vermeintlichen Gegners.

► Der Hund muß seine Lektionen so gut gelernt haben, daß er selbst in sehr erregtem Zustand die Befehle des Hundeführers unbedingt befolgt. Was immer in seiner Umgebung geschieht, muß ihn gleichgültig lassen. Ein guterzogener Hund darf auf keinen Fall selbständig handeln.

Ausbildungsplan

ab 6. Monat

- weiterhin gewöhnen an Schüsse
- SchH I-, SchH II- und III-Fährte
- »Platz«
- Sitz aus der Bewegung
- Gehen durch eine Menschengruppe
- Vertiefen von Vorsitzen und Apportieren, »Bring«

ab 10. Monat

- Leinenführigkeit (Bei-Fuß-Gehen)
- Springen
- »Voraus«
- fester Anbiß an der Hetzkette
- Ablassen vom Helfer: »Aus«
- Revieren
- Transport des Helfers
- Verfolgung des fliehenden Helfers
- Überfall aus dem Versteck (SchH I)
- Fluchtverhinderung (SchH II + III)
- Stockschläge (SchH II + III)
- Hervorrufen des Hundes aus dem Versteck (SchH II + III)
- »Steh« (SchH III)

Kapitel 7

Ratschläge vor der ersten Prüfung

Allgemeines

Wir setzen einmal den Fall, daß unser Verein in sechs Wochen eine Schutzhundprüfung durchführt, und wir sind sicher, daß unser Hund prüfungsreif ist und teilnehmen kann. Er muß so weit sein, daß er die Übungen aller Disziplinen ohne wesentliche Hilfegebung ausführt. Man neigt dazu, den Hund durch Händeklatschen oder aufmunternde Worte zu unterstützen. Meist geschieht dies unbewußt, dabei ist es oft gar nicht nötig. Wir müssen uns rechtzeitig vor der Prüfung dazu zwingen, die Hilfen abzubauen beziehungsweise auf ein notwendiges Minimum zu reduzieren, damit sich der Hund am Prüfungstag nicht vor zusätzliche Probleme gestellt sieht, weil ihm die gewohnte Aufmunterung fehlt.

Es ist selbstverständlich, daß wir dem Hund vor jeder Disziplin Gelegenheit geben, sich gründlich zu entleeren, wir »lassen ihn auslaufen«, wie es in der Hundeführersprache heißt.

Vor Beginn einer Prüfung führt der Leistungsrichter die Kontrolle der Tätowiernummern durch. Die Welpen von Schäferhunden und einigen anderen Rassen werden im Alter von 8 Wochen tätowiert, das heißt, es wird ihnen mit einer Zange eine Nummer in das rechte Ohr gedruckt, mit deren Hilfe die Identität des Hundes jederzeit festgestellt werden kann. Ein Hund, der durch Charakter und Erziehung von festem Wesen ist, wird bei dieser Kontrolle keinerlei Schwierigkeiten bereiten. Aber es ist trotzdem zu empfehlen, diese geringfügige Übung in die Vorbereitungen zur ersten Prüfung mit einzubeziehen.

Tip:

Der Leistungsrichter wertet nicht nur die Arbeit des Hundes, sondern bestraft auch Fehlverhalten des Hundeführers mit Punktabzug!

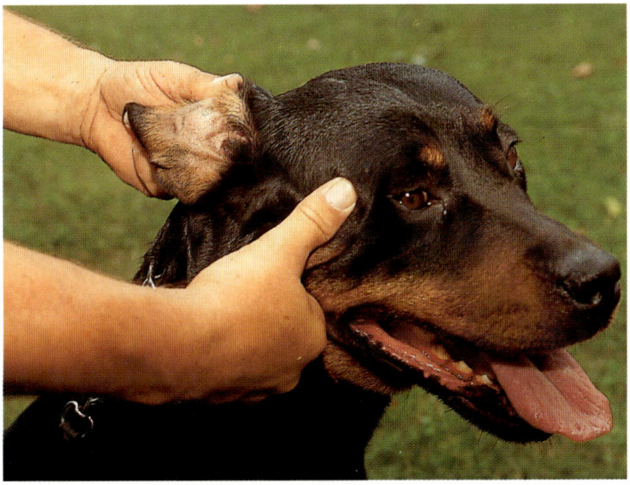

Vor Beginn einer Prüfung erfolgt eine Kontrolle der Ohrtätowierung

Zum Thema Fährtenarbeit

Wir sollten mindestens einmal in der Woche mit Vereinskameraden beziehungsweise mit künftigen Prüfungsteilnehmern hinausgehen zum Suchen, denn wir müssen den Hund so gut wie möglich an alle Einflusse und Ablenkungen gewöhnen, denen er am Prüfungstag ausgesetzt sein kann.

Mit bei Fuß sitzendem Hund üben wir auch jedesmal das Anmelden, das auf der Prüfung beim Leistungsrichter zu erfolgen hat. Wir nennen den Namen des Hundes, den des Führers und »melden sich zur Fährtenarbeit Schutzhund I, der Hund verweist«.

Auch bestätigen wir korrekt die Beendigung der Fährtenarbeit mit »Suche beendet«, »zwei Gegenstände gefunden«. Diese sind dabei vorzuzeigen. Der Hund darf bei der Prüfung nach dem Verweisen des letzten Gegenstandes nur gelobt, nicht aber mit Futterbrocken oder Bällchen belohnt und auch nicht von der langen Leine abgekoppelt werden, bevor nicht die Abmeldung erfolgte.

Bei der Prüfung setzt sich ein Winkel aus dem rechtwinkligen Zusammentreffen zweier Geraden zusammen. Wir üben daher prüfungsgerecht, indem wir die Winkel jetzt nicht mehr im Bogen, sondern sorgfältig im rechten Winkel legen. Wir wollen kein Risiko eingehen, benutzen also von nun an immer die beiden Gegenstände, die wir auch bei der Prüfung verwenden wollen. Und wir halten uns an die vorgeschriebene Zeit, das heißt, wir lassen die Fährte etwa 20 Minuten lang liegen und suchen sie dann ab.

Zum Thema Unterordnung

Zur Prüfung melden sich je zwei Hundeführer mit Hund gleichzeitig beim Leistungsrichter. Auch diese Übung beziehen wir in unser Training mit ein. Bei folgenden Übungen hat man auf die Anweisung des Leistungsrichters zu achten: zunächst der Anfang der Gehorsamsübungen (Hund und Hundeführer befinden sich in Grundstellung), dann das Abholen aus dem »Sitz«, das Abrufen aus dem »Platz« und das Losgehen zum »Voraus«.
Man behält während der Prüfung den Leistungsrichter im Auge, um für die Anweisungen empfangsbereit zu sein, die durch Zuruf, durch Handzeichen oder durch Kopfnicken erteilt werden. Zwei Schüsse werden bei der Freifolge nach dem ersten Winkel abgegeben.
Wir setzen voraus, daß sich der Hundeführer mit den Schrittzahlen, die in der Prüfungsordnung angegebenen sind, befaßt hat. Es ist unerläßlich, während sämtlicher Laufübungen jeweils die Schritte zu zählen. Nur so wird Punktabzug wegen Unterschreitens der Mindestschrittzahl vermieden. Bei den Übungen »Sitz« und »Platz« empfiehlt es sich, von vornherein aus der Grundstellung immer zwölf Schritte zu gehen, bis das Hörzeichen gegeben wird.

Wichtiger Hinweis:
Fehler korrigieren wir ruhig und sachlich. Auf keinen Fall darf der Hund so kurz vor dem Ziel durch zu hartes oder sogar unbeherrschtes Strafen verprellt werden.

Jede Übung zur Unterordnung sollte unbedingt zweierlei enthalten: Der Hund muß lernen, eine Menschenmenge zu durchqueren, und er muß seine Schußfestigkeit trainieren.

Zum Thema Schutzdienst

Nach Möglichkeit arbeiten wir vor der Prüfung nur mit dem Helfer, der auch bei der Prüfung eingesetzt wird. Das gibt dem jungen Hund eine gewisse Sicherheit und erhöht unsere Chancen zum erfolgreichen Abschneiden. Wir vermeiden kurz vor der Prüfung alles, was den Hund verunsichern könnte. Ein erfahrener Helfer weiß das; er wird sich entsprechend verhalten und seine Anweisungen danach richten.

Adressen

Deutschland

VDH – Verband für das Deutsche Hundewesen
Westfalendamm 174
44141 Dortmund
Tel.: 02 31/56 50 00
Fax: 02 31/59 24 40

IDH – Interessensgemeinschaft Deutscher Hundehalter
Auguststraße 5
22085 Hamburg
Tel.: 0 40/45 47 61

Dachverband der Deutschen Hundesportvereine
Sulinger Straße 57
28857 Syke
Tel.: 0 42 42/5 05 20

Österreich

ÖKV – Österreichischer Kynologenverband
Johann-Teufel-Gasse 8
A – 1238 Wien
Tel.: 00 43/1/88 70 92 / 93

ÖU – Österreichische Hundesport-Union
Pelargonienweg 45
A – 1220 Wien
Tel.: 00 43/1/2 20 59 15

Informationszentrum für Rassehundbesitzer
Novaragasse 5
A – 1020 Wien
Tel.: 00 43/1/24 53 21

Schweiz

SKG – Schweizerische Kynologische Gesellschaft
Länggaßstraße 8
CH – 3001 Bern
Tel.: 00 41/31/3 13 58 19

SKG Zürich
Hansruedi Weinmann
Tel.: 00 41/1/36 32

Literatur

Bücher

Aldington, Eric H.:
Von der Seele des Hundes,
Gollwitzer 1992[5]

Baumann, Doris:
Hunde erziehen, Stuttgart 1987

Brunner, Ferdinand:
Der unverstandene Hund,
Melsungen 1988

Die große Hunde-Enzyklopädie
Rastatt 1992

Feddersen-Petersen, Dorit:
Hundepsychologie – Wesen und Sozialverhalten, Stuttgart 1989

Klever, Ulrich:
Hunde, München 1994[6]

Kober, Ulrich/Peper, Wilfried:
Pareys Hundebuch, Hamburg 1994[2]

Ochsenbein, Urs: Der neue Weg der Hundeausbildung, Cham 1993

Ross, John/McKinney, Barbara:
Hunde verstehen und richtig erziehen,
Stuttgart 1994

Trumler, Eberhard:
Der schwierige Hund, Mürlenbach 1986

Trumler, Eberhard:
Mit dem Hund auf du. Zum Verständnis seines Wesens und Verhaltens,
München 1991

Wegmann, Angela:
Hunde richtig halten, München 1994[2]

Zeitschriften

Ein Herz für Tiere, Gong-Verlag,
München, erscheint monatlich

Partner Hund, Gong-Verlag, München,
erscheint monatlich

Register

Kursive Seitenzahlen verweisen auf Abbildungen.

Im FALKEN Verlag sind zahlreiche Titel zum Thema »Hunde« erschienen.
Bitte fragen Sie in Ihrer Buchhandlung.

Bei diesem Buch handelt es sich um eine überarbeitete und neugestaltete Ausgabe des Bandes »Grundausbildung für Gebrauchshunde« Nr. 801.

ISBN 3 8068 4750 9

Umschlaggestaltung: Peter Udo Pinzer
Layout: Ilse Stockmann-Sauer, AS-Design, Offenbach
Redaktion: Andrea Nothdurft; Christel Fischer
Redaktion der Nachauflage: Petra Volkmar
Herstellung: Reckels, Schneider-Reckels & Weber, Wiesbaden; Petra Zimmer
Titelbild: Lothar Lenz, Cochem
Umschlagrückseite: Mark Wunsch, Uelzen
Fotos: Christine Steimer, Wölfersheim (außer S. 4 Mitte: Bildagentur IPO, Linsengericht)
Vignette: Christine Steimer, Wölfersheim

Satz: Reckels, Schneider-Reckels & Weber, Wiesbaden
Druck: Druckerei Parzeller GmbH, Fulda

817 2635 4453 62